D1755175

Die Welt in 32 Zeilen

Die Welt in 32 Zeilen

Die besten Glossen der Stuttgarter Zeitung

Herausgegeben von
Christine Keck, Martin Gerstner
und Guido Heisner

KLÖPFER&MEYER

Große Bühne für die Anarchistin

Leicht sind sie zu überlesen. Rasch ist über sie hinweggeblättert. Beim Zeitungslesen ist Vorsicht angebracht. Wer nur Augen hat für die fetten Überschriften, die staatstragenden Themen, dem entgehen die größten Kleinode. Die Glossen. Diese nur wenige Zeilen langen Texte. Diese schmalen Spalten, die in der Stuttgarter Zeitung als »Unten rechts« täglich ihren Platz finden, aber so nah am Rande der Seite untergebracht sind, dass sie fast wegrutschen. Eine Textform, die tatsächlich oft Grenzen überwindet, die Grenze zwischen Journalismus und Literatur, zwischen Schalk und Tragik, zwischen dem Nebensächlichen und dem Eigentlichen.

Bei der Glosse weiß man nie, woran man ist. Die Glosse lässt einen im Ungewissen. Sie ist die Anarchistin unter den Wohlfeilen, die aus der Reihe fällt, die Närrische, die im Ironisch-Absurden manchmal näher an der Wahrheit ist als der gewichtige Leitartikel. Die, die sonst im Abseits steht, wollen wir mit diesem Buch ins Zentrum holen, ins Rampenlicht, aus den Kammerspielen auf die große Bühne.

Wir rechnen mit heftigen Reaktionen im Zuschauersaal, mit Stirnrunzeln, Tränen und Wutausbrüchen. Aber mit einem rechnen wir, die Herausgeber dieses Buches, nicht: mit Langeweile.

Vorhang auf!

Christine Keck

Die beliebteste Kolumne der Welt

Die Hungerjahre nach dem Krieg lagen noch nicht lange zurück. Die Stuttgarter Zeitung erschien mit einer Auflage von drei Millionen Exemplaren, weil das Papier einen guten Brennwert hatte. Die Redakteure lungerten in ihren Büros herum und tranken Rotwein, der in den ersten bauchigen Korbflaschen aus dem Süden Europas seinen Weg in die Amtsstuben und Redaktionen Deutschlands gefunden hatte.

Jeder eingehaltene Redaktionsschluss wurde mit Trinksprüchen und Schüssen aus den Dienstwaffen der Redakteure gefeiert, die Bewerbung einer Frau (es muss wohl so 1963 gewesen sein) erntete brüllendes Gelächter, die Stimmung war gelöst und zukunftsfroh. Dienstältere Redakteure diktierten den jüngeren Kollegen Artikel wie »Annäherung der Fronten im Kalten Krieg«, »Kniefall Brandts stößt in Warschau auf großes Interesse«, »Studentischer Mob randaliert an Frankfurter Uni«. Die häufigste Dienstmeldung der Korrespondenten lautete: »No articles this year«, das rote Leuchten der weinbeseelten Gesichter wurde abgelöst vom grünen Schimmer der ersten Computermonitore. Sonst geschah nichts.

Bis eines Tages, es muss im November gewesen sein, der ältere Redakteur eines längst vergessenen Ressorts unerwartet aufgrunzte und den Satz »es muss mehr Leichtigkeit ins Blatt« entließ. Zunächst keine Reaktion. Doch der Kollege ließ nicht locker. »Ich meine all die

Politik, Opern, Schulden, Verkehr, da will sich der Leser doch erholen.« Erstaunen bei den anderen. »Erholen? Wovon? Wir erholen uns doch auch nicht.« Konferenzen schlossen sich an. Debatten. Tagesvorlagen. Wiedervorlagen. »Leichtigkeit. Ja gut, aber wie und wer? Und wo sollte man diese weichen Themen drucken?« »Wir geben keinen Platz her«, so die Ressorts. »Das Boot ist voll.« Da blieb nur der Platz hinter den Todesanzeigen. Oder über dem Impressum? Wieder geschah lange nichts.

Bis zu jenem Tag, an dem der Kollege, der sonst politische Kommentare aus der Tastatur schleuderte wie ein Frontsoldat Handgranaten, maulfaul und lustlos am frühen Nachmittag die Redaktion verließ. Bis heute weiß niemand warum. Vorruhestand, murmeln die einen, private Gründe, mutmaßen andere. Jedenfalls verlor sich seine Spur. Panik brach aus. Drei leere Kommentarplätze mussten gefüllt werden. Diensttuende Redakteure brüllten Korrespondenten in fernen Ländern an, zu liefern. Dennoch blieb ein Platz leer. Ganz unten rechts. Ein Kollege rappelte sich auf und sagte: »Ich schreib dann doch was Leichtes.« Es ging um einen Fußballer mit lustigem Namen. Der Kollege schrieb noch rund dreitausend vergleichbare Stücke, die heute in einem Silo vor dem Verlagshaus lagern. Danach traten jüngere Journalisten in seine Fußstapfen und man kann ohne Übertreibung sagen: Die Rubrik »Unten rechts« ist die beliebteste Kolumne der Welt.

Martin Gerstner

Inhalt

Wohin das Geld wandert 11
Ersatzlos zu streichen 24
Schabensoufflé auf Toast Hawaii 40
Bericht aus Berlin 56
Hybridfrauen und Handymänner 70
Volkes Stimme 83
Kleine Länderkunde 97
Requiem für Dinos 112
Schneller, höher, weiter 122
Moderne Zeiten 139
Mythen der Geschichte 161
Natürlich sinnfrei 178
Internationales Parkett 199
Die Autoren 213
Die Herausgeber 215

Wohin das Geld wandert

Steuersubjekte

Man sollte immer daran denken, die Einspruchsfrist gegen den Steuerbescheid einzuhalten. Wer von den Behörden mit hohen Abgaben gewürgt wird, muss rasch handeln. Ein korrekter Einspruch will vorbereitet werden. Er muss mit der geballten Faust unterschrieben und in einen grau-braunen Umschlag gesteckt werden, der mit einer übel riechenden Flüssigkeit beschmiert wird und mit dem Wahlspruch »Pecunia non olet« versehen ist. Wer seinen Sachbearbeiter mit Namen kennt, kann bereits im Briefkopf einige Beleidigungen unterbringen. In Frage kommen Wörter wie Steuersubjekt (mieses), Eintreiber (tollwütiger), Vollstrecker (mitleidsloser) oder Körperschaftler (Drecks-). Die Übergabe erfolgt nach einem exakt festgelegten Ritual. Der Steuerpflichtige rottet sich mit Gleichgesinnten vor dem Finanzamt zusammen und fordert dreimal seinen Sachbearbeiter zum Verlassen des Gebäudes auf. Der Beamte ist normalerweise in Gleitzeit und deshalb nicht da. Deshalb wird der Einspruch mit einer handelsüblichen Spaxschraube in die Eingangstür gebohrt. Von der Behörde wird grundsätzlich jeder Einspruch abgelehnt, wer dann nicht zahlt, wird einem Thesaurus zum Fraß vorgeworfen (Thesaurierungsbesteuerung) und mit dem Stempel »Ausgesteuert« versehen.

Mafiöse Wurzeln

Was rumpelt da munter im Untergrund? Die Staatsanwaltschaft ermittelt mindestens bis 2020 gegen Kartoffelkartelle, die dem Verbraucher gemeinsam faule Preise aufgetischt haben sollen. Doch das sind nur die sichtbaren Auswüchse. Die Kartoffelmafia habe zu neuer Stärke gefunden, wird zwischen den Ackerfurchen gemunkelt. Für ein paar Klumpen Frühgold werden zarte Prinzessinnenkartöffelchen, sie heißen Nicola, Sieglinde oder Désirée, aus Osteuropa illegal eingeschleust, müssen sich ausgraben, angraben und pellen lassen, um letztlich in minderwertigen deutschen Kartoffelpuffern gefräßigen Dickbäuchen gefällig zu sein. Doch damit nicht genug der krumbierigen Geschäfte. Milliarden unschuldiger Knollen werden in deutschen Kellern eingesperrt und wie Dreck behandelt. Wer aufmuckt, der wird übel abgebürstet, dem werden die Augen ausgerissen, der kommt in den Kartoffelstampf, um ihm die Flausen auszutreiben. Nur vereinzelt schaffen es wilde Kartoffeln, den Kantinenbesuchern auf die Pelle zu rücken, um mit Salzkruste und Knoblauchdip Rache zu nehmen. Die Wahrheit über die kartoffelmafiösen Wurzeln wird wohl nur chipsweise ans Tageslicht kommen. Die Sache mit der Knolle ist noch längst nicht gegessen.

Zinslose Quarantäne

Schon wieder so eine Schreckensmeldung: eine Studie der Universitätsklinik Genf hat belegt, dass Viren auf Geldscheinen bis zu zwei Wochen überleben. Unter Umständen – bei für sie angenehmer Luftfeuchtigkeit und Temperatur – sogar 17 Tage. Wo sich die Banknoten die Erreger holen, kann man sich denken: moderne Bankautomaten sind Brutstätten für Computerviren aller Art; herkömmliche Sparschweine aus Steingut hingegen ideale Biotope für den Schweinegrippevirus. Wie der sich mit seinen kleinen Klauen dann tagelang am Wasserzeichen eines 50-Euro-Scheins festklammert, ist der reine Horror. Man wird künftig aus hygienischen Gründen davon Abstand nehmen, Banknoten abzulecken, in Körperöffnungen zu verstecken oder sich daraus einen Joint zu drehen. Die Nachrichtenagentur schreibt, wer viel mit Geld zu tun habe, solle sich die Hände waschen. Die Banknoten soll man nicht waschen. Letzteres ist laut Geldwäschegesetz ohnehin strafbar. Früher hat man Geldscheine gebügelt, bevor man sie mit Schleife versah und an Konfirmanden verschenkte. Das Bügeln könnte einem Virus den Garaus machen, es ist nicht strafbar, trägt aber das Risiko des Totalverlustes. Geeigneter ist es, Geldscheine in zinslose Quarantäne zu geben – auch unbefristet. Abgabestellen finden sich vermutlich jede Menge.

Noten pressen

Die Notenpresse ist in aller Munde. Sie wird entweder angeworfen oder läuft bereits auf Hochtouren. Wer sie selbst mal anwerfen will, weil er eine Doppelgarage in bester Lage gekauft hat oder mit den Nullen in seinem Staatshaushalt nicht mehr klarkommt, muss in den Keller seiner örtlichen Zentralbank gehen. Dort dreht er den Schlüssel drei Mal rechts und einmal links und wispert das Passwort (»Mein Name ist Bond – Junk Bond!«). Hinter der Tür befindet sich ein Stapel Pfandbriefe, für die es beim Getränkeshop ein hübsches Pfandgeld gibt, und die schwarz glänzende Notenpresse mit ihrem charakteristischen Schrott-Emittenten aus Stahl. In Deutschland standen die Notenpressen lange still, allerdings hat man bei der Finanzierung von Angriffskriegen gute Erfahrungen damit gemacht. Wer die in Fraktur geschriebene Anleitung nicht lesen kann, nimmt einfach einen Liter Zweitaktbenzin, schüttet diesen in den Ansaugstutzen, stellt den Inflationsverdichter auf Volllast und drückt den Aluminium-Bedenkenträger so lange mit aller Kraft nach unten, bis der Kredithebel weit ausschwingt. Der Raum füllt sich im Nu mit Banknoten. Allerdings lässt sich die Notenpresse schwer wieder stoppen. Meist hilft nur ein Floater, also die Flutung des Kellers mit Gute-Laune-Tee.

Banken zu Pflugscharen

Wenn Ihnen auf dem Weg zur Straßenbahnhaltestelle ein an den Laternenpfahl gepinnter Abreißzettel (»Fondsmanager, sicher im Zahlenraum bis 1399 Milliarden, gepflegtes Auftreten, Führerschein Klasse drei, sucht neue Herausforderung – gerne im Bereich Floristik oder Heimwerken«) auffällt, sollte Sie das nicht überraschen, denn in den Zentralen und Filialen deutscher Banken herrscht die Stimmung des Umbruchs. In den Schließfachbunkern werden Champignons gezüchtet, zerfledderte Bücher (»Lire, Francs, Peseta – die fantastische Welt des europäischen Währungsdschungels« oder: »Drachmen, Arachnen und andere Schädlinge«) liegen herum, aus Schalterräumen werden Kitas, in denen Kinder sorgsam verschweißte Euronotenbündel zu Spielelandschaften auftürmen. Auf den Dächern gibt es Gemüsepflanzen, Kreditberater laufen in Gartenschürzen herum. Mit all diesen Maßnahmen bereiten sich die Banken in Deutschland auf den Zusammenbruch der Eurozone vor. Das entspricht der alten Forderung »Banken zu Pflugscharen« der Kapitalismuskritik. Allerdings können die meisten Banker nicht mit einer Pflugschar umgehen. Zum Üben sollte man dem Kreditberater beim nächsten Beratungsgespräch deshalb eine Gartenschere mitbringen.

Zehn Minuten

Dass wir alle länger arbeiten müssen, um wirtschaftlich nicht hinter Papua-Neuguinea zurückzufallen, ist ein Standard-Textbaustein deutscher Führungskräfte. Die Rente mit 67 könne erst der Anfang sein, sagen die Chefs. Dass die Topmanager selbst laut einer Allensbach-Umfrage im Durchschnitt bereits mit 64 kürzertreten wollen, ist nur auf den ersten Blick ein Widerspruch. Denn im Gegensatz zu den meisten Normalbürgern, die auch die winzigste Gehaltserhöhung gleich auf den Kopf hauen, anstatt fürs Alter zu sparen, haben die Herren aus dem Management vorbildlich vorgesorgt. Dank Aktienoptionen und großzügigen Firmenpensionen liegen sie im Ruhestand nicht der Allgemeinheit auf der Tasche. Angestellten, die schnell in diese Liga aufsteigen wollen, empfiehlt die Karriereberaterin Meike Müller, sich bei Konferenzen in den ersten zehn Minuten zu Wort melden. So sei man gleich von Anfang an in die Diskussion involviert und werde nicht einfach übergangen. Schon das Atemholen des Vorredners lasse sich nutzen, um sich ins Gespräch einzuschalten, sagt die Expertin. Wem gerade nichts einfällt, der sollte es mal mit der Frage »Chef, wann gehen Sie endlich in Rente?« versuchen. Das löst Heiterkeit aus und verkürzt ohnehin meist unproduktive Konferenzen.

Konsummonsun

Die letzten Wochen des Jahres sind die Zeit des Konsums. Der Konsum ist ein meteorologisches Phänomen zur Stärkung der Binnenkonjunktur, das nicht mit dem Monsun verglichen werden darf, obwohl die Auswirkungen ähnlich sind: überschwemmte Innenstädte, Verzweifelte, die knietief im Soll stehen, feuchtwarme Luft, die die Menschen in den Shoppingmalls zur Raserei treibt. Um die Konsumzeit zu überstehen – sie dauert bis zum Vormittag des 24. Dezember, mit einem Nachbeben während der rituellen Umtauschaktion im neuen Jahr –, bedarf es guter Planung. Erfahrene Konsumenten laden frühmorgens ihre Geldkarte auf. Sie haben Tage zuvor mit ihrer Bankberaterin gesprochen, diese gewürgt und erpresst, bis sie den Überziehungskredit in die Regenzeit hinein verlängerte. Dann kaufen sie ein Pfund Kaffee, dessen Erlös einer Schule im Monsungebiet zugutekommt. Das berechtigt sie, den Rest des Tages hemmungslos nach Billigangeboten zu gieren. Sie lassen sich von Monsunwinden durch die Kaufhäuser treiben, schlafen später erschöpft ein und werden von Rettungshubschraubern eingesammelt. Wieder einmal haben sie der Natur ein Schnippchen geschlagen. Wer drei bis vier dieser Konsumperioden übersteht, hat auch vor einem Tsunami keine Angst.

Geld wandert

Es gibt zu viel Geld auf der Welt. Wer das bisher nicht geglaubt hat, muss sich nur umschauen. In Stuttgart wird die riesige Baugrube für den neuen Bahnhof immer wieder mit frischem Geld aufgefüllt, was die Ausschachtungsarbeiten unnötig erschwert. In Salzburg wiederum leitete eine Beamtin 340 Millionen Euro zu Spekulationszwecken um. Dieses Geld kam also nie dort an, wo es hätte hinsollen. Beispielsweise bei den Festspielen, wo eine »Don Giovanni«-Inszenierung locker eine halbe Milliarde verschlingt. Gut ist: das Geld kann weiterwandern. Von Salzburg aus strömt es flussabwärts nach Rumänien, nährt dort den Haushalt eines Oligarchen, ermöglicht Waffenkäufe, baut Hotels, schmiert alte Freundschaften, ergießt sich ins Meer, verdunstet in die Atmosphäre, regnet wieder ab, und am Ende bleibt noch ein klitzekleiner Rest, mit dem der Klassenraum einer Neuköllner Grundschule frisch gestrichen werden kann. Man soll das Geld also nicht festhalten, wenn es hinaus in die Welt oder in eine Baugrube will. In Salzburg allerdings bleibt jetzt zu viel Geld hängen, weil die zuständige Beamtin suspendiert ist. Um eine pekuniäre Überschwemmung zu vermeiden, sind alle Leser aufgerufen, Vorschläge zur effizienten Geldvernichtung einzureichen.

Gold-Erdnuss

Die Kantinenkarte der Chefetage (»edelfaule Steinbutt-Swaps, Gehacktes vom Kleinsparer, Riesenschnitzel too big to fail«), das Fitness-Studio (»power Walking – ein Börsengang bei Tempo 25«), die Gold-Erdnuss aus der Ära Kopper als Kronleuchter im Entspannungsraum: Die Welt der Großbanken steckt voller Possen und verspielter Details. In den Korridoren der Geldhäuser werden Intrigen gesponnen, Regierungen gestürzt, Schuldner in den Ruin getrieben und Indizes zurechtgebogen. Die Ermittlungen gegen ein deutsches Bankhaus lassen diese danteske Melange aus Gier, Angst, pharaonenhaftem Glanz und dostojewskischem Spieltrieb lebendig werden. »Ja wie«, sagen sich viele arglose Beobachter. »Die Fassade ist doch aus Glas, warum haben wir das alles nicht früher gesehen?« Der Grund ist einfach: Hinter dem Glas ist eine feine Schicht aus Goldstaub verteilt, die den Betrachter widerspiegelt. Wer also versucht, in eine deutsche Bank hineinzustarren, sieht nur sein eigenes gieriges Gesicht. Es hilft nichts: wenn wir das Bankensystem wirksam kontrollieren wollen, müssen wir die Videoüberwachung ausbauen – in jede Gold-Erdnuss an der Decke kommt eine Kamera. Dann wissen wir schon freitags, was es am Montag in der Kantine gibt.

Taka und Tögrög

Sogar die Geldfälscher flüchten aus dem Euro. Laut Europäischer Zentralbank ist die Zahl der gefälschen Euronoten im ersten Halbjahr um 15 Prozent gesunken. Das Fälscherwesen darbt hierzulande, und Blüten blühen woanders. Vermutlich weichen die Kriminellen auf andere Weltregionen aus, wo sie auf härtere Münze spekulieren. Exotische Zahlungsmittel wie der mongolische Tögrög oder der bengalische Taka haben Konjunktur, weil ihr Name einfach schöner klingt als Euro. Als Alternative gefragt ist auch wieder Kupfer, und so mancher Metalldieb, der auf einem Bahngleis ertappt wird, gibt an, er habe an eine gut verzinste Wertanlage gedacht und wolle Münzen pressen. Die Kauri-Muschel bietet sich übrigens auch seit alters her als Fluchtwährung an. Sie ist steinhart, lässt sich in jedem chinesischen Hinterhof in Plastik kopieren, verliert aber da den kalkartigen Klang und steht in haptischer Konkurrenz zu gefälschten EC-Karten. Das gesamte Geldwesen – ob legal oder illegal – steht jedenfalls vor einem Neuanfang. Wobei Historiker daran erinnern, dass unser monetäres System im 6. Jahrhundert in Athen entstand. Die Währung hieß übrigens Drachme, und warum dieses jahrtausendealte Ding nicht wieder Leitwährung sein kann, sollen uns die EU-Politiker mal sagen.

Kleinere Pommes

In der Krise müssen alle kleinere Brötchen backen – und nicht nur das. Laut einer Mitteilung der Landwirtschaftskammer Nordrhein-Westfalen müssen wir uns in diesem Jahr auch auf kleinere Pommes frites und Kartoffelchips einstellen. Begründung: wegen der zeitweisen Trockenheit im Sommer würden weniger dicke Kartoffeln geerntet als im Vorjahr. »Eine Pommes-Krise wird es aber nicht geben«, beruhigt die Kammer. Hamsterkäufe sind also nicht nötig. Das ist auch gut so, denn so ein Hamster ist kein befriedigender Ersatz für eine schöne dicke Kartoffel – und in der Küche längst nicht so vielseitig einsetzbar. Die geschrumpften Erdäpfel haben auch ihre guten Seiten. Wenn die Pommes kleiner werden, muss man eine Currywurst dazubestellen, um satt zu werden – und schon haben wir ein kleines Konjunkturprogramm für Wursthersteller und Imbissbuden. Dass die Kartoffeln kleiner ausfallen, lässt auch auf bessere Ergebnisse bei der nächsten Pisa-Studie hoffen – zumindest in agrarischen Kreisen. Die dicksten Kartoffeln wachsen bekanntlich bei den dümmsten Bauern. Kleine Knollen sind dagegen ein Zeichen für überdurchschnittliche Intelligenz. Offen bleibt, wer die intelligentesten Kartoffeln erntet: die dicksten oder die dünnsten Bauern? Hier besteht dringender Forschungsbedarf.

Merkels Mundpartie

Die Finanzwelt birgt viele Rätsel. So haben wir bis heute nicht herausgefunden, wie diese Ratingagenturen eigentlich arbeiten. Solange sie es nicht selbst verraten, gehen wir davon aus, dass sie einfach nur raten, welches Land als nächstes zahlungsunfähig werden könnte. Dummerweise glauben ihnen die Politiker trotzdem und schnüren gigantische Hilfspakete, die die angekündigten Pleiten doch noch verhindern sollen. Ob die Milliarden am Ende helfen werden? Auch da kann man nur raten. Dabei bräuchten wir gerade jetzt verlässliche Prognoseinstrumente. Man könnte zum Beispiel die Fernsehbilder des Präsidenten der Europäischen Zentralbank mit Hilfe der Chart-Analyse untersuchen. Gut möglich, dass sich die künftige Entwicklung der Finanzmärkte aus dem Verlauf der Sorgenfalten auf der Stirn des EZB-Chefs ablesen lässt. Eine Schulter-Kopf-Schulter-Boden-Formation könnte etwa auf einen baldigen Aufwärtstrend hindeuten. Ein noch besserer Indikator scheint Angela Merkels Mundpartie zu sein. Oder ist Ihnen noch nicht aufgefallen, dass die Bundeskanzlerin die Mundwinkel desto weiter herunterzieht, je tiefer der Euro steht? Da man sich kaum vorstellen kann, dass Merkel noch bedrückter dreinschaut als dieser Tage, spricht charttechnisch alles dafür, dass es schon bald wieder aufwärts geht.

Auf Kuschelkurs

Energiekonzerne gelten als fiese Kapitalisten, die sich auf Kosten der Verbraucher bereichern und mit Kraftwerken die Umwelt verpesten. Keiner hat sie lieb – obwohl sie dafür sorgen, dass immer genug Strom für alle da ist. Der Branchenführer Eon will raus aus der Buhmann-Ecke und hat daher eine Kuscheloffensive gestartet. Zuvor hatte der Konzern eine Umfrage in Auftrag gegeben. Ergebnis: 70 Prozent der Deutschen kuscheln mindestens einmal pro Woche, viele sogar täglich. Das berge ein enormes Sparpotenzial, schreibt die Eon-Pressestelle: »Einfach die Heizung ein wenig herunterdrehen – das spart Energiekosten und motiviert den Partner, näher heranzurücken.« Ein Energiekonzern, der zum Energiesparen aufruft, ähnelt einem Schlachthof, der für Vegetarismus wirbt. Was tut man nicht alles, um geliebt zu werden! Noch mehr Energie spart es übrigens, wenn man im Dunkeln kuschelt – ganz zu schweigen von den demografischen Nebenwirkungen. Am Ende bringt der Eon-Vorstoß mehr für die Geburtenrate als alle bevölkerungspolitischen Programme der Regierung. Wenn Sie dem Eon-Chef demnächst beim Einkaufen begegnen, sollten Sie ihn dafür mal so richtig knuddeln. Alternativ können Sie Ihre Stromrechnung ganz zärtlich zusammenknüllen.

Ersatzlos zu streichen

Abstauber

Unabhängig von wahren Begebenheiten oder tatsächlich existierenden Personen werden wir uns heute mit einem neuen Berufsfeld befassen. Es trägt die Fachbezeichnung des Netzwerkers, ist noch kein anerkannter Ausbildungsberuf, könnte es aber werden. In der Profession der Netzwerker gibt es die verschiedensten Positionen. Da ist einerseits der Gönner, der gute Bekannte oder Spezi. Auf der anderen Seite gibt es die auch ohne Studium zu erlangenden Berufe des Trittbrettfahrers, Schnorrers oder Abstaubers. Blicken wir beispielsweise auf das vielfältige Tätigkeitsspektrum des Schnorrers. Schon in der Schülerzeit fiel der Schnorrer in der Raucherecke dadurch auf, dass er stets seinen Tabak vergessen hatte. Im Laufe der Jahre entwickelt ein talentierter Schnorrer die Fähigkeit, in seinem Netzwerk so lange rumzulungern, bis ihm der Gönner ein Bier zahlt, einen Anzug leiht oder ein schönes Hotel bucht. Manchmal zahlt der Begünstigte zurück, dann aber nur in Cash und ohne Beleg. Ein hart arbeitender Schnorrer kann Karriere in der freien Wirtschaft oder besser noch beim Staat machen. Hat er eines der höchsten Ämter erreicht, macht er nur noch vom Steuerzahler bezahlte Dienstreisen und kann seine erlernte Tätigkeit einstellen. Er heißt dann Schnorrer a.D.

Diese Leere!
Das selbstbestimmte Leben wird sehr überschätzt. Freiheit ist das Einzige, das zählt? Unfug. Was etwa fängt man mit der Freiheit eines fußballfreien WM-Tages an? Mit zwei Ruhetagen nacheinander gar? Eben! Die Freiheit des Menschen liegt nicht darin, dass er tun kann, was er will, sondern, dass er nicht tun muss, was er nicht will. Sagte Jean-Jacques Rousseau im 18. Jahrhundert – und das, obwohl es damals ausschließlich fußballfreie Tage gab. Damals wusste man deshalb noch, was man tun kann, wenn man nicht das tun musste, was man nicht tun wollte. Französisch revolutionieren zum Beispiel. Den Jugendstil erfinden, das Quecksilberthermometer, die Kreissäge, den Blitzableiter. Aber was macht man heute, wenn keine Fußballklassiker kommen wie Japan gegen Paraguay? Alles ist schon erfunden, alles erforscht. Selbst, ob tägliches Fingerknacken über 50 Jahre Arthritis in der Hand verursacht. Oder ob es besser ist, eine volle oder eine leere Bierflasche auf den Kopf gehauen zu bekommen. Dass Viagra Hamstern hilft, sich von einem Jetlag zu erholen. Diese Leere! Dieses Nichts! Da wird Public Viewing wieder zu dem, was es ist: der englische Ausdruck für die öffentliche Aufbahrung Verstorbener. Vermutlich dahingerafft von der Sterbenslangweiligkeit eines fußballfreien Tages.

Kraulen verboten

Wer das ruhige Brustschwimmen liebt, der muss ins hessische Gelnhausen fahren. Dort gibt es ein Brustschwimmbad. Dort wird er nicht von ungestümen Kraulern belästigt, die das Wasser peitschen und gemächliche Schwimmer verdrängen. Diesen zivilisatorischen Fortschritt verdanken wir der Badeordnung für das Gelnhauser Hallenbad, die das Kraulen streng verbietet. Die Verfasser meinen wohl, diese Schwimmart passe nicht in unsere ruhigen Becken, denn das »crawling« stammt aus den USA, und dort hat man es den Indianern abgeschaut. Zu gewissen Zeiten herrscht in Schwimmbädern ein Gedränge wie am Freitagnachmittag auf der Autobahn. Da ist für Krauler einfach kein Raum. Im Gegensatz zum Brustschwimmer hat der Krauler meist den Kopf unter Wasser und Mitschwimmer nicht im Blick. Darunter leiden auch diejenigen, die im Wasser spazieren gehen und es nach Kräften treten. Das ist gesund, aber nicht schnell – was den Krauler ärgert. Nun will der Bürgermeister sich des Verbots, das hohe Wellen schlägt, annehmen und eine Überprüfung anregen, bevor die Krauler ihre Menschenrechte einklagen. Der Dichter Wilhelm Raabe hätte zu der Posse angemerkt: »Der Humor ist der Schwimmgürtel auf dem Strom des Lebens.«

Keimbefall

Schauen Sie mal genau auf Ihr Smartphone! Wir meinen nicht die vor zehn Tagen abgelaufene Erinnerung an den Geburtstag Ihrer Frau, sondern diese winzigen Lebewesen, die sich vor dem hochauflösenden Display gut abheben. Es sind Keime. Laut »Wall Street Journal« tummeln sich auf Smartphones deutlich mehr Bakterien als auf normalen Tastaturen. Es sind die gleichen Erreger, die auch in Toilettenschüsseln ihre Heimstatt haben. Das wäre an sich nicht so schlimm. Denn wer in einer überfüllten Straßenbahn mit dem Finger in der Nase des Nebenmanns landet und danach einen Hamburger isst, hat ein millionenfach höheres Ansteckungsrisiko als ein Vieltelefonierer. Die Gefahr lauert woanders: Keime langweilen sich auf Toiletten. Auf den neuen Faul-Ei-Pads dagegen stöbern sie – nicht faul – in speziellen Apps herum: World of Schnodder, Streptococcus.com, Barcodes for Bactus, Bacillus in Wonderland. Die Fälle von kostenpflichtigen Downloads durch Viren und Keime mehren sich. Damit nicht genug: kurze Zeit nach dem ersten Befall des Smartphones sind Passwörter durch Escherichia-Bakterien geändert worden, die dann per Online-Überweisung ihre Verwandten auf den Toiletten Südostasiens mit ernähren. Dann hilft nur eins: Das Telefon einmal durchkochen.

Schwemmen

»Achtung, Terminerinnerung: Diabeteswelle bedroht Baden-Württemberg!« Diese Pressemitteilung flatterte unlängst über die Redaktionsschreibtische. Das ist nicht weiter beunruhigend, denn unser Land wird beständig von Wellen bedroht oder überschwemmt. Man erinnert sich beispielsweise an die Lehrerschwemme, die Beamte wie Treibgut in die Klassenräume spülte. Flüchtlingswellen türmen sich immer dann auf, wenn gerade keine Schwemme von Einbrecherbanden aus Rumänien vor der Tür steht und der Politik andere Bedrohungsszenarien fehlen, mit denen man die Wähler in Angst und Schrecken versetzen kann. Auch die Wissenschaft braucht giftige und ansteckende Schwemmen und Wellen von Keimen und Erregern, um ihre teuren Labors zu rechtfertigen. Doch trotz aller Bemühungen lassen die Überflutungen immer wieder Zeit zum Atemholen. Gerade zwischen Urlaubswelle und alljährlicher Grippewelle fehlt es an griffigen Bedrohungen. Die Diabeteswelle kommt da wie gerufen. Sie muss dringend ergänzt werden durch die Geldschwemme, die Sexwelle, die Medien-Überschwemmung oder die Flut von Neuerscheinungen anlässlich irgendeiner Buchmesse. Und wenn das alles nix hilft, muss eine schöne altmodische Überschwemmung her.

Glotzeritis

Im »Struwwelpeter« gibt es die Geschichte vom Hans Guck-in-die-Luft, einem geistig abwesenden Knaben, der nicht auf seinen Weg achtet und am Ende ins Wasser fällt. Seit der Verbreitung des Smartphones gibt es viele junge Leute, denen Ähnliches droht. Ob auf den Straßen, den Schulhöfen oder in der Straßenbahn – überall lässt sich das schon suchtartig anmutende Smartphone-Glotzen beobachten. Man kann darauf starren, egal wo man geht oder steht. Das führt zur Verkehrung von Goethes Wort, dass Aufmerksamkeit das eigentliche Leben sei. Daraus kann ein gesellschaftliches Problem werden. In der Schweiz hat man dieses Phänomen näher erforscht und festgestellt, dass diese Art der Ablenkung bereits zu vielen Unfällen geführt hat. Aus China wird berichtet, man habe dort schon spezielle Fußgängerüberwege für die dort offenbar sehr zahlreichen Smartphone-Menschen gebaut. Auch hierzulande wird man sich Gedanken machen müssen. Mit Verboten dürfte allerdings wenig zu bewirken sein. Eher kann man darauf hoffen, dass ein Überdruss-Effekt eintritt und die Sucht von alleine zurückgeht, so wie der Trend von Facebook wegführt und auch weniger getwittert wird. Unaufmerksamkeit lässt die Schiffe stranden, sagt ein französisches Sprichwort.

Promotionsklappe

Die Zahl der (Ex-)Doktoren, die unerlaubt abgeschrieben haben oder diesbezüglich unter Verdacht stehen, steigt sprunghaft an. Angesichts der wachsenden Zahl von Plagiatsfällen ist das Kürzel »Dr.« längst kein Ausweis höchster akademischer Qualifikation mehr, sondern ein veritables Stigma. Vielen ist ihr Titel inzwischen eher peinlich. Wer kann schon hundertprozentig sicher sein, dass er angesichts der Mehrfachbelastung durch Kneipenbesuche, anstrengende Probenwochen mit der Uni-Theatergruppe oder stressige Auslandsreisen in den Semesterferien nicht doch abgeschrieben hat, ohne korrekt zu zitieren? Da ist es allemal besser, den lästigen Namensbestandteil still und leise zu entsorgen. Ein Angebot bei Ebay – »Doktortitel, kaum gebraucht, sofort kaufen für 1 Euro« – wäre aber wegen des laxen Umgangs von Internetfirmen mit Kundendaten zu riskant. Die Universitäten, die wegen der Plagiatsaffären ebenfalls um ihren Ruf fürchten, denken daher über die Einrichtung von Promotionsklappen an schlecht beleuchteten Stellen des Campus nach. Dort könnten Absolventen, die den Titel nur noch als Last empfinden, Doktorarbeit nebst Urkunde schnell und anonym loswerden. Alternativ wird erwogen, den Titel künftig nur noch zusammen mit einem aufgedruckten Verfallsdatum zu verleihen.

Knollenkartell

Dass ein klandestines Kartoffelkartell in Deutschland jahrelang sein Unwesen treiben konnte, ist keine große Überraschung. Ein Agrarprodukt, das den größten Teil seines Daseins unter der Erdoberfläche – also in der Unterwelt – verbringt, ist naturgemäß besonders anfällig für dunkle Machenschaften. Der Regel, dass die dümmsten Bauern die dicksten Kartoffeln ernten, muss nun eine weitere hinzugefügt werden: Die schlauesten Händler scheffeln die dicksten Gewinne. Noch ist unklar, ob durch Preisabsprachen führender Knollenvermarkter benachbarte Branchen in Mitleidenschaft gezogen worden sind. Wurden auch Kartoffeldrucke flächendeckend zu überhöhten Preisen angeboten? Musste Loriot jahrelang unangemessen hohe Lizenzgebühren für seine Knollennasenmännchen bezahlen? Kein Wunder, dass die Ermittlungen noch ganz am Anfang stehen. Klar ist aber jetzt schon, dass der Kartoffelbranche strengere Transparenzregeln ins Haus stehen werden. Der oberirdische Anbau von Kartoffeln hat sich allerdings nicht bewährt. Statt der Knollen selbst könnten wenigstens die Namen aller Knollenkriminellen offengelegt werden. Eine entsprechende Liste wird derzeit vom Journalistennetzwerk »Potatoleaks« erstellt und bald veröffentlicht.

Achtung Punkte

Seit dem 1. Mai gelten neue Gesetze. So müssen sich Autofahrer darauf einstellen, an Fahreignungsseminaren teilnehmen zu müssen, wenn sie rückwärts in eine Umweltzone einbiegen und keinen grünen »Ich liebe Kröten«-Aufkleber auf ihrer Stirn pappen haben. Sie bekommen zudem Punkte im Flensburger Fahreignungsregister, wenn sie in einer Kfz-Kontrolle die Namen der letzten zehn Verkehrsminister nicht ohne Spickzettel und zur Melodie von »Ich will Spaß, ich geb' Gas« singen können. Punktesammler müssen nach dem Vorbild des besten Bergfahrers bei der Tour de France auch ein rotgepunktetes Trikot tragen. Fahrer von Pkws mit den Kennzeichen WN, PF und BL müssen sich nach jeder Fahrt einer Eigenbluttransfusion unterziehen, wenn nicht ein Sicherheitsbeamter des ADAC vor dem Auto herläuft und zur Warnung anderer Verkehrsteilnehmer eine gelbe Fahne schwenkt. Kanzlerin Merkel will in den Vereinigten Staaten um Erlaubnis bitten, US-Gesetze in Deutschland zu etablieren. So soll, wie in Kalifornien, Fahrzeugen ohne Fahrer verboten werden, schneller als 96 Stundenkilometer zu fahren. Außerdem will man – wie in Montana – Schafen untersagen, sich ohne Begleitung im Führerhaus eines Lastwagens aufzuhalten. Das gilt zunächst nur in ungeraden Kalenderwochen.

Libertär

Weitgehend unbemerkt von der Öffentlichkeit hat der Bundesrat wieder eine lästige Pflicht abgeschafft und ist auf dem Weg in die Zügellosigkeit der Gesellschaft weiter vorangeschritten. Es geht um den Paragrafen 67 der Straßenverkehrsordnung und die darin enthaltene Pflicht, an einem Fahrrad einen Dynamo mit einer Nennleistung von drei Watt und einer Nennspannung von sechs Volt zu führen. Nach der Wehrpflicht und der Bademützenpflicht ist also auch die Dynamopflicht weg, und jeder darf sich irgendeine Funzel ans Rad stecken und auf Erhellung hoffen. Das Prinzip des Generators – und damit des Dynamos – ist 1831 von Michael Faraday erfunden worden, blickt also auf eine uralte Technikgeschichte zurück. Und – mal ehrlich – welcher Radfahrer hat nicht den Dynamo ins Herz geschlossen, wie er so schnurrt am Gummimantel, sich je nach Wetter und Weg verhüllt in Lehm, Schneckenschleim oder Schneekristalle, wie er hakt, bremst und gerne auch mal Widerstand leistet – stets im Kampf für eine gute Ausleuchtung. Der Dynamo wird gottlob überleben im Namen ostdeutscher Fußballvereine. Verpflichtend ist das nicht, und überhaupt fragen wir uns, welche Pflicht außer der ehelichen uns noch Stütze und Halt ist.

Der Montag

Es muss hier über den Montag gesprochen werden, den unbeliebtesten aller Wochentage. Auf den Montagsdemos in Leipzig sollte die Abschaffung dieses Tages erzwungen werden, obwohl er in den Fünfjahresplänen vorgesehen war. Immer mehr DDR-Bürger kamen erst am Dienstag zur Arbeit, was den Kollaps des Regimes beschleunigte. Der Montag gilt als Tag kleinerer oder größerer Katastrophen. Wer ein italienisches Auto kauft, das an einem Montag zusammengeschraubt wurde, findet oft noch eine angebissene Pizza im Handschuhfach. Wer sich montags zu einem Rendezvous verabredet, hat gute Chancen, von einem herabfallenden Pinguin erschlagen zu werden. Vieles spricht also für die Entfernung dieses Tages aus der Woche. Was aber soll mit all den Montagen passieren? Die EU will sie den kriselnden Südländern zur Verfügung stellen. Sie hätten dann einen Tag mehr, um gegen Sparpläne zu protestieren und die Deutschen zu beleidigen, könnten aber am nächsten Tag trotzdem pünktlich ihre normale Arbeitswoche antreten. Pragmatischer erscheint es, nicht den Montag als Beginn der Woche zu definieren, sondern den Sonntag. Die aufblühende Depression wäre dann montags bereits abgearbeitet – und man könnte frohen Sinnes das Wochenende anvisieren.

Ausgebrannt

Bei der rechtsextremen NPD mehren sich die Symptome von Depression und Weltflucht, neudeutsch auch als »Burn-out-Syndrom« bezeichnet. Zuletzt war es der frühere Parteichef Holger Apfel, der sich ins Private zurückzog. Dem »Völkischen Beobachter« zufolge sind viele Funktionäre tatsächlich ausgebrannt. Offenbar fühlen sich viele auch hochrangige Rechtsextremisten durch den ständigen Kampf gegen Minderheiten und Steuerbehörden erschöpft. Sie klagen über fehlende Anerkennung in der Gesellschaft und mangelnde Luftunterstützung. Dazu kommt, dass viele Rechtsextremisten der Belastung eines Mehrfrontenkriegs nicht gewachsen sind. Man kennt dieses Gefühl der permanenten Überforderung, des Lichtmangels und der schlechten Verdauung aus den letzten Tagen in der Reichskanzlei. Fachleute sprechen von einem postrassistischen Belastungssyndrom. Die Behandlung ausgebrannter Neonazis in »Heil!«-Bädern belastet das Gesundheitssystem jährlich mit Milliarden. Ob die Betroffenen danach wieder in eine Gesellschaft eingegliedert werden können, ist fraglich. Viele klagen über würgende Hassanfälle und verbringen den Tag vor dem Fernseher, wo sie auf die Eroberung Stalingrads warten.

Ohne Facebook

In Europa gingen die Lichter aus – für kurze Zeit nur, Gott sei Dank. Menschen starrten blöde auf ihre Smartphones, Eltern versuchten verzweifelt, Kontakt zu ihren Kindern aufzunehmen, die internationalen Datenleitungen räkelten sich gelangweilt auf dem Meeresgrund. Der Grund: das soziale Netzwerk Facebook war in mehreren Ländern nicht erreichbar. Beim Aufruf der Seite erschien der Hinweis: »Entschuldigung, etwas ist schiefgegangen«. Dieser Satz wurde drei Milliarden Mal geliked, bis die Nutzer herausfanden, dass es nicht der Eintrag eines ihrer besten Facebook-Freunde war. Dann setzte eine große Leere ein, die beweist, dass das totale Nichts im Internet tatsächlich existiert. Der Tag des Facebook-Ausfalls gilt schon jetzt als dunkelster Moment der europäischen Geistesgeschichte. Zwei Milliarden Selfies konnten nicht hochgeladen werden, 500 000 Menschen hatten keine Freunde mehr, 34 Millionen Wischhände vergruben sich in Taschen mit verloren geglaubten Geldmünzen, Liebesbriefen und Butterbroten. Nach 15 Minuten sprangen die Server wieder an und arbeiteten den Bestand von 34 Billionen Eintragungen ab. Das darf sich natürlich nie mehr wiederholen. Facebook will deshalb einen Notreserve-Server installieren. Er hat ungefähr die Größe Weißrusslands.

Starke Truppe

Die Bundeswehr war einst der gesellschaftliche Nukleus der Bundesrepublik. Junge Männer begegneten dort zum ersten Mal in ihrem Leben dem anderen Geschlecht – meist in Gestalt einer Mörsergranate. Sie trainierten den Umgang mit Unteroffizieren, die weder lesen noch schreiben konnten, praktizierten also Inklusion, bevor das Wort erfunden wurde und aßen die legendäre Atompilzpfanne im Manöver. So beliebt war die Truppe, dass Fliegerhorst der beliebteste Vorname bei männlichen und Marine bei weiblichen Neugeborenen war. Seit dem Ende der Wehrpflicht aber wächst aus den Kanonenrohren Efeu, die Bierzulieferer im Schatten der Kasernen haben kapituliert. Niemand kennt mehr den Unterschied zwischen Grenadier und Grenadine, das Kochen mit Napalm ist aus dem Alltag verschwunden. Deshalb kommt das Bundeswehrattraktivitätsförderungsgesetz zum richtigen Moment. Das Gesetz trägt intern den Codenamen »Gute Mine« und sieht vor, dass jede Kaserne eine Kita erhält, in der schon Dreijährige erstschlagsfähig gemacht werden. Soldaten mit Schulabschluss lesen ihren Unteroffizieren den kleinen ABC-Alarm als Gutenachtgeschichte vor, das Truppenballett erhält neue Mörsergranaten. Die Truppe ist wieder die Schule der Nation.

Das Loch im All

Das Ozonloch kennt heute jedes Kind, was erstaunlich ist, weil man jahrhundertelang kaum Notiz davon genommen hatte. Risse im All waren nichts Ungewöhnliches. Durch sie stürzte bisweilen ein ausrangierter Russensatellit mit ein, zwei Ziegen an Bord auf einen Rübenacker, dann wiederum rieselte Mondstaub auf die Erde. Das Ozonloch aber erstreckte sich über Millionen Quadratkilometer und beraubte den Menschen der Hoffnung, vor den schlimmsten Zumutungen der schwarzen Unendlichkeit bewahrt zu werden. Viele Phänomene der achtziger Jahre (Ronald Reagan, David Hasselhoff, Mittelstreckenraketen und Polohemden) schienen nur mit dem Hinweis auf ein übellauniges dunkles Weltall erklärbar. Gravierender aber war, dass eine grell sezierende Sonne plötzlich ungefiltert auf die Erde schien. In ihrem Licht erkannten die Menschen zum ersten Mal die Misere ihrer Existenz, die Hässlichkeit ihrer Vorgärten, den Pickel an einer fatalen Stelle, die Tränensäcke des Partners, die Delle am Auto und das Minuszeichen auf dem Kontoauszug. Die Entdeckung des Ozonlochs hat die Menschheit also nüchterner, ja klüger, zugleich aber auch melancholischer gemacht. Allerdings finden Experten, dass es jetzt reicht und das Loch wieder geschlossen werden kann.

Brummtöne

In dem kleinen bayerischen Dorf Steinhöring leiden die Bewohner seit Wochen unter einem tieffrequenten Brummton. Sie wachen nachts auf und haben Kopfschmerzen. Experten vermuten, es handele sich um den Urton, den die Erde bei ihrer Entstehung erzeugt hat und der vielerorts immer noch zu hören ist. Das würde sich mit den Erkenntnissen der bayerischen Volkskunde decken, wonach die Erde im Freistaat erfunden wurde und sich noch immer um die Achse Altötting-Tuntenhausen dreht. Der Brummton könnte demnach vom ersten Aufschlag eines Maßkrugs auf dem Tisch eines Schankraums vor einer Milliarde Jahren herrühren, der jetzt in die Gegenwart herüberweht. Er kann nur mit feinsten Sensoren gemessen werden, also wenn man beispielsweise in einer sternenklaren Nacht gegen drei Uhr morgens nach sechs Gläsern Augustiner mit dem linken Ohr aus der Wirtschaft heraus horcht und der letzte Sport-BMW mit schweigendem Motor im Graben liegt. Übrigens ist das Phänomen nicht neu. Schon der Führer wunderte sich im April 45 über ein lästiges Brummen und bemerkte beim Blick aus dem Bunker, dass der erste russische Panzer dort parkte. Man tut also gut daran, der alten Ärzteweisheit zu glauben: Wer nichts mehr hört, ist tot.

Schabensoufflé auf Toast Hawaii

Rindendiät

Rindenmousse? Geschnetzeltes aus der alten Eiche? Filets vom langen Ast im Gräserbett? Was klingt wie die neuesten Kreationen der Angeberküche, ist ein uralter Hut. Bereits auf dem Speiseplan der Frühmenschen standen Baumrinde und Holzstückchen. Das zeigen Überreste dieser Pflanzen in zwei Millionen Jahre altem Zahnstein, den ein Forscherteam an den Zähnen zweier unserer Vorfahren entdeckte. In Zeiten der Krise melden nun immer mehr Dentisten, dass ihre Patienten nicht nur Fehlstellungen haben, weil sie die Zähne so zusammenbeißen, sondern auch noch Reste von Baumrinde im Gebiss herumtragen. Rinde ist billig und leicht zuzubereiten – und aus diätischer Sicht zu empfehlen, denn sie senkt den Cholesterinspiegel. Ganz anders die vom Experten kritisierte Low-Carb-Diät, die morgens Schinken, mittags Gulasch und abends Zwiebelrostbraten serviert. Sie ist vor allem in den Chefetagen der Politik zu Hause. Auch bei EU-Gipfeln, bei denen Kanzlerin Merkel früher schon zum Frühstück ein bis zwei südeuropäische Wirtschaftsminister oder Spitzenbanker im eigenen Saft verdrückte. Jetzt muss sie bald italienische Eurobonds schlucken – die im Abgang faulige Tertiäraromen freigeben. Und der Rest Europas frisst Rinde statt Rind.

Krisenherd

Der Krisenherd ein praktisches und Strom sparendes Gerät, das sich hervorragend zum Kochen in wirtschaftlich schwierigen Zeiten eignet. Die Platten des Krisenherds werden immer nur so lange beheizt, wie die Centmünzen im integrierten Münzeinwurf reichen. Wer nicht genügend Kleingeld hat, muss seine Suppe lauwarm essen, was nach Meinung vieler Ernährungswissenschaftler sowieso gesünder ist. Sparsame Haushaltsführung, auf die es in der Eurokrise ganz besonders ankommt, ist mit dem Krisenherd ein Kinderspiel. Zusätzliche Einsparmöglichkeiten eröffnen die Rezepte aus der Reformküche von IWF, EU-Kommission und Europäischer Zentralbank – etwa die Merkel-Platte aus Edelschimmeltoast, Fleischresten und Gemüse von der Tafel. Das Ganze wird serviert an einer neoliberalen Farce von auf ganz kleiner Flamme reduzierten Sozialleistungen. Bei der Anschaffung eines Krisenherdes ist allerdings Vorsicht geboten. Geräte aus südlichen Euroländern neigen dazu, sich unkontrolliert aufzuheizen. Dabei brennt leicht mal was an. In diesem Fall helfen die Krisenherdreiniger EFSF und ESM. Wer sich damit eindecken will, muss sich allerdings sputen. Das Zeug geht zurzeit weg wie warme Semmeln.

Zuckerschlecken

Die Deutschen werden immer dicker, weil sie zu viel Zucker essen, warnen die Krankenkassen und fordern drastische Gegenmaßnahmen. Bei einem Zuckergipfel will die Koalition die ersten Schritte beschließen. Geplant ist, dass alle zuckerhaltigen Lebensmittel einen Totenkopf auf der Verpackung tragen müssen. Jeder Bundesbürger, der freiwillig einen Sack Zucker zu den neuen Zuckersammelstellen bringt, bekommt einen Eimer Salz. Wer zehn Säcke bringt, erhält 100 griechische Staatsanleihen obendrauf. Experten fordern zusätzlich obligatorische Blutzuckertests bei Verkehrskontrollen. Auch die Gastronomie soll sich umstellen. So sollen China-Restaurants nur noch Hähnchen bitter-sauer anbieten dürfen. Für Süßkartoffeln und Zuckertomaten ergeht ein Anbauverbot. Paare, deren Babys zu süß sind, sollen in Steuerklasse eins zurückgestuft werden. Ein Alternativvorschlag kommt von den Grünen: Sie regen an, den Zucker in Schokolade durch Cannabis zu ersetzen. Von der AfD kommt die Forderung, nur noch echten braunen Zucker aus deutschen Landen im Handel zuzulassen. Nur ein Politiker findet, man dürfe den Zucker nicht verteufeln: Sigmar Gabriel. »Das Leben ist doch schon heute kein Zuckerschlecken, als Sozialdemokrat weiß ich, wovon ich rede«, erklärte Gabriel.

Pfannenfertig

Laut einer Forsa-Umfrage sind Bratkartoffeln das Lieblingsgericht der Deutschen. Die Kartoffel ist von Friedrich dem Großen hierzulande eingeführt worden, und zum Todestag des Preußenkönigs legen ihm treue Nachfahren als Dank immer noch vergoldete Erdknollen auf sein Grab. Die Erfindung der Bratkartoffel ist undatiert, dürfte aber sehr weit zurückliegen. Die Verehrung dieses Pfannengerichts geht so weit, dass nichteheliche Lebenspartnerschaften als Bratkartoffelverhältnisse tituliert werden und dermaßen in Mode gekommen sind, dass selbst unser Staatsoberhaupt eins pflegt. Bratkartoffelverhältnisse funktionieren ohne Trauscheine, sie basieren auf dem Fakt des Zusammenlebens und nach dem Motto: täglich was Warmes im und am Bauch halten Leib und Seele zusammen. Bratkartoffeln müssen langsam zubereitet werden, damit die Zwiebeln im Fett der Pfanne den richtigen Grip an der Kartoffel erhalten. Die Liebe zu dieser fettigen Mahlzeit ist mittlerweile genetisch veranlagt, wird von Generation zu Generation vererbt. Bis andere schmackhafte Speisen wie »Döner mit scharf« oder »Wursti con Krauti« einmal das Lieblingsgericht der Nation werden, dürften noch Jahrhunderte vergehen. Wahrscheinlich ist der Klimawandel schneller.

Völlig Wurst

Qualität beginnt im Kleinen. Bei VW geht die Liebe zum Detail so weit, dass sogar die Currywürste für die Kantine nach der Endabnahme den Aufdruck »Volkswagen Originalteil« erhalten. Angesichts der Komplexität der Materialströme in einem Großkonzern kann jedoch nicht ausgeschlossen werden, dass mal ein paar Originalteile durcheinandergeraten. Wundern Sie sich also nicht, wenn es in ihrem Golf plötzlich riecht wie in der Wurstbraterei um die Ecke. Wahrscheinlich hat ihre Werkstatt statt eines neuen Auspuffkrümmers eine Currywurst nach Wolfsburger Art eingebaut. Den meisten ist eh völlig wurst, was sich unter der Motorhaube tut – Hauptsache, die Karre läuft. Deshalb weiß auch kaum jemand, dass sich ein Verbrennungsmotor sehr gut als Wärmequelle zum schonenden Garen eignet. Bis ein dickes T-Bone-Steak fertig ist, muss man allerdings 200 bis 300 Kilometer einplanen. Voraussetzung für gutes Gelingen ist, dass das Grillgut möglichst nahe am Motorblock oder Auspuff platziert wird. Sollte das Steak bei einem rasanten Fahrmanöver in den Kühlerventilator rutschen, gibt es eben Hackfleisch. Und nicht vergessen: alle 10 000 Kilometer das Frittierfett wechseln und den Motor mit Backofenreiniger einsprühen – natürlich in VW-Originalqualität.

Kollektivküche

In der global vernetzten Wirtschaft kommen Einzelkämpfer nicht weit. Erfolge beruhen heutzutage auf Teamarbeit. Kein Wunder, dass Firmen viel Geld für Teambuilding-Events ausgeben – etwa für Klettertouren, auf denen Manager und Untergebene zu schlagkräftigen Seilschaften verschmelzen sollen. Wem das zu teuer oder zu riskant ist, der bucht ein Team-Cooking-Event. Der Menüplan sollte sich dabei an der Lage des Unternehmens orientieren. Bei miesen Quartalszahlen gibt es eine französische Zwiebelsuppe, die beim kollektiven Schnippeln selbst den völlig emotionslosen Kollegen aus dem Controlling Tränen in die Augen treibt. Passend zu den Einschnitten, die der Belegschaft in bewährter Salamitaktik präsentiert werden, wird als Vorspeise eine hübsche, gemeinsam dekorierte Aufschnittplatte gereicht. Kocherlebnisse mit Kollegen können auch helfen, Hierarchien aufzubrechen. Allerdings haben Führungskräfte oft Schwierigkeiten, dabei ihre angestammte Rolle abzulegen: »Wenn ich schon sehe, wie Sie das Messer halten, Schulze! Kein Wunder, dass Sie nie einen Kunden überzeugen.« Solche Äußerungen muss ein umsichtiger Moderator natürlich konsequent ahnden – und den arroganten Personalchef mit sofortiger Wirkung zu einer Extrarunde Töpfeschrubben verdonnern.

Gewichtig

Fast 60 Prozent der deutschen Manager sind einer Studie zufolge übergewichtig. 56 Prozent haben zudem zu hohe Cholesterinwerte, die vermutlich auf die fetten Boni zurückzuführen sind, mit denen viele Führungskräfte beglückt werden. Ein erheblicher Teil des Geldes wird in Restaurantbesuche und Feinkost investiert. Gesundheitspolitiker von Union und SPD plädieren vor diesem Hintergrund dafür, Managern die Grundzüge gesunder Ernährung durch ein »Brigitte«-Zwangsabonnement näherzubringen. Ein entsprechender Passus ließe sich problemlos im Corporate-Governance-Kodex unterbringen. Es ist aber gar nicht so leicht, unter der Vielzahl von »Brigitte«-Diäten die richtige zu finden – denn für jede gibt es gewichtige Argumente. Soll man sich für die Wochenend-Diät, die schnelle Drei-Kilo-Diät oder doch lieber für die Bikini-Diät entscheiden? Allein die im Internet gelisteten »Brigitte«-Diäten füllen drei A4-Seiten, deren Analyse enorme Management-Kapazitäten bindet. Arbeitsgruppen müssen gegründet, Meetings organisiert und Power-Point-Präsentationen erstellt werden. Für die eigentliche Arbeit bleibt da kaum noch Zeit, was unweigerlich zu einem Gewinneinbruch führt. Dann gibt es nur noch fettreduzierte Diät-Boni – und die Kilos purzeln, dass es eine Freude ist.

Kakerlakak

Experten der UN-Ernährungsorganisation FAO halten Insekten für die Eiweißquelle der Zukunft. Sie hätten einen hohen Nährwert und belasteten die Umwelt weniger als die Viehzucht. Der Verzehr diverser Kleintiere hat sich bereits in der Vergangenheit bewährt. »Die Steinzeitmenschen haben unterwegs auch mal Schnecken oder Käfer gegessen«, sagt der Kulturwissenschaftler Gunther Hirschfelder. Unsere Schnecken snackenden Vorfahren waren also bereits Anhänger der Food-to-go-Bewegung. Für den Außer-Haus-Verzehr gilt allerdings bis heute: Fast Food ist halt doch nur fast ein Essen. Herr Hirschfelder kennt sich aber nicht nur mit den Essgewohnheiten in der Vergangenheit aus. Als Mitglied des Nestlé-Zukunftsforums richtet er seinen Blick auch weit nach vorne. Wir sind daher jetzt schon gespannt auf die neuen, FAO-konformen Fertiggerichte des Lebensmittelmultis wie das Schabensoufflé »Kakerlakak« mit handgeschabten Mehlwurmspätzle oder die Fünf-Minuten-Terrine »Locusta« mit frittierten Heuschrecken. Umdenken müssen nicht nur die Tütensuppendesigner, sondern auch der Wirtschaftskontrolldienst. Wenn es künftig in der Restaurantküche krabbelt, ist das nicht auf Hygieneprobleme zurückzuführen, sondern auf die Frische der Zutaten.

Fracking Hell

Nicht nur Umweltschützer sehen die Gasförderung mit Hilfe der Fracking-Technik kritisch. Auch die deutschen Brauer machen sich Sorgen und fürchten eine Verunreinigung ihres Biers mit Fracking-Chemikalien, die ins Brauwasser geraten könnten. Kein Problem hat die Braulobby dagegen mit der systematischen Verunreinigung des Gerstensafts mit Zitrusauszügen, Cola und anderen »naturidentischen« Aromen – also mit neumodischem Zeugs fragwürdiger Herkunft. Reinheitsgebot? Fehlanzeige! Den Biermischgetränken gehöre die Zukunft, heißt es in der Branche, weil man reines Bier kaum noch in die jungen Leute hineinbekomme. Momentan sieht es zwar nicht so aus, als ob in Deutschland demnächst wild drauflos gefrackt würde, doch angesichts des Energiehungers unserer Zivilisation muss das nicht so bleiben. Die Marketingabteilungen der Brauereien überlegen deshalb bereits, wie sie sich auf veränderte Bedingungen einstellen könnten. Vielleicht präsentiert ja eine innovative Brauerei dereinst das Biermischgetränk der Zukunft: »Fracking Hell« – der ultimative Energy-Drink mit kalt gepresstem Bohrwasser von den besten Fracking-Sites in der Region. Ähnlichkeiten mit der etablierten Biermarke »Fucking Hell« sind selbstverständlich purer Zufall. Ozapft is!

Vegetierer

Sieben von sechs Eltern sagen: Unser Kind muss biologisches Kita-Essen bekommen. Bei sechs von sechs Eltern sieht die Realität so aus: Sommerzeit, Biergartenzeit. Man sitzt draußen, isst Schweinehals im Weizenmischbrot mit Zwiebeln und Paprikapulver, trinkt sein Weizensmoothie dazu und würde zum Schankmann, das Glas hinhaltend, gerne Sachen sagen wie: »Luft rauslassen!« Oder: »Ich trink nur, was mit aller Gewalt reingeht.« Danach, das volle Glas stemmend: »Hopp, rin in Kopp!« Und: »Prostpekt!« Oder (zu Intellektuellen): »Proust!« Gegenüber: der Typ Apfelschorletrinker mit Günther-Jauch-Frisur, der sein Sitzkissen für die Bierbank mitbringt und sein Fruchtsaftmischgetränk sicher mit kohlesäurereduziertem, selbstionisiertem Wasser bestellen würde und darauf bestünde, dass die Äpfel nicht gepflückt, sondern vom Baum gefallen sind. »Na, bist du Vegetierer?«, sagt man glucksend und schöbe gerne ein »Vegetarier vermehren sich ja nicht, die pflanzen sich fort« hinterher und den Witz, warum Veganer kein Huhn essen: »Weil Ei drin ist!« Der Veganer mit der Günther-Jauch-Frisur und dem Apfelschorleblick bestellt tatsächlich ein Obstgetränk (»Bananenweizen«) und, natürlich, Salat. »Wurstsalat!«, sagt er. Prima, wenn man keine Vorurteile hat.

Rohkost

Das Vordringen der Grünen in die bürgerlichen Milieus ist ein schönes Beispiel dafür, was die Evolution mit den Menschen so anrichtet. Damals, als die grüne Bewegung entstand, fehlte es ihren Anhängern noch an der Fähigkeit, Feuer zu machen, geschweige denn, eine Tischvorlage zu lesen. Sie umarmten wehrlose Nadelbäume, diskutierten mit Gelbbauchunken über Gender Mainstreaming und nagten an Tannenzapfen. In den Landtagskantinen kosteten sie zum ersten Mal warmes Essen und wurden plötzlich konkurrenzfähig. Das entspricht aktuellen Erkenntnissen brasilianischer Forscher, nach denen diejenigen Lebewesen ins Hintertreffen geraten, die nur Rohkost essen. Die liefert nämlich nicht genügend Energie, um zusätzliche Gehirnzellen versorgen zu können. Ein Gorilla müsste jeden Tag mehr als zwei Stunden länger essen, um mit dem Menschen mitzuhalten. Im politischen Alltag war das unmöglich. Deshalb drangen die Grünen in die bürgerlichen Wohnküchen vor, wo alsbald Ossobuco, Schweinerücken alla fiorentina und Spaghetti mit Zitronensoße (Rezeptsammlung Kuhn) schmurgelten. Heute sind die Gehirne von Grünen und Konservativen ungefähr gleich groß. Nicht auszudenken, wo das hinführt, wenn die Grünen so weiteressen.

Fleisches Weg

Viele Deutsche machen sich Sorgen wegen der vielen Lebensmittelskandale. Doch das ist stark übertrieben. Denn die gesetzlich geregelte Rückverfolgung von Lebensmitteln dokumentiert lückenlos, wovon uns beim Essen schlecht geworden ist und woher dieser Hautausschlag am Hals kommt. Nehmen wir mal eine Dose »Gulasch im eigenen Bratensaft« aus dem Billigmarkt: Eingeräumt ins Regal hat es der schrecklich erkältete Azubi – dieser gelbe Zipfel im Fleisch ist der Rest seines Taschentuchs. Zuvor wäre das Fleisch schockgefroren worden, wenn der kosovarische Leiharbeiter die Klimatisierung nicht versehentlich auf 20 Grad plus eingestellt hätte. Drei Wochen vorher traf das Fleisch im Zerlegebetrieb ein – dort wurde es neu lackiert, um den seltsamen Grünton zu kaschieren. Dabei muss sich wohl auch jener Fingernagel der Lackiererin in unserem Gulasch verloren haben. Wieder eine Station früher vollzog sich jene in Fachkreisen bewunderte Wandlung von Schwein zu Pferd, Hund zu Rind oder was auch immer die Kühllaster so auf der Landstraße überfahren haben. Und wenn wir jetzt noch einen Schritt zurückgingen, wären wir auf einer Almwiese, wo die Kuh ihrem Kälbchen einen Kuss auf die Stirn drückt, Hühner gackern und Pferde über die Koppel ... Pferde? Ausgeschlossen. Also, das wäre ja ... praktisch nichts anderes als Betrug!

Fischbrötchen

Der Weltfischbrötchentag führt zu Unrecht ein Schattendasein. Er findet jährlich am 12. Mai statt. Im Zuge der Verwüstung des öffentlichen Lebens durch Kochshows, Kochbücher, Köche und Kochlöffel-in-die-Kamera-Halter ist das Fischbrötchen ja aus dem Blickfeld geraten. Dabei ist es ein treuer Begleiter im Überlebenskampf der Menschheit. Unsere Vorfahren pressten irgendwann gefangene Fische zwischen zwei Brötchenhälften zusammen, um sie zu töten. Das gelingt heute nicht mehr, weil die Brötchen zu weich sind. Meist legen sich Fische freiwillig zwischen die Semmeln, die ohnehin lebensüberdrüssig sind. Sie hinterlassen das feinherbe Aroma eines in der Sonne dünstenden Binnengewässers, in dem das ganze Wochenende Familientag war. Zugleich bemächtigt sich die Gourmetküche des Fischbrötchens. In vielen Imbissbuden servieren spanische Molekularköche Aalschäumchen, die nach Quittengelee schmecken, und Salatblätter, die ein Geschmacksgewitter aus Lakritze und Blumenkohl abfeuern. Wer heute noch ein originales Fischbrötchen im Hafenbecken schwimmen sieht, sollte es rasch mit nach Hause nehmen. Nach dem Aufwärmen entpuppt sich der Fisch als launiger Zeitgenosse, der sich beim Kuscheln jeder Matratzenform anpasst. Und spätestens nach zwei Tagen ist er dann auch tot.

Nutella wird knapp

Die Nuss-Nugat-Creme Nutella hat die europäische Industriegeschichte entscheidend geprägt. Europa ist mittlerweile von Athen über Sarajevo bis zum Nordkap durchzogen von Rissen und Verwerfungen. Sie sind Folge tektonischer Erschütterungen durch die gellenden Schreie von Kindern, denen am Frühstückstisch ein zweites Brot mit dem süßen Aufstrich verwehrt wird. Dabei ist die Zurückhaltung der Eltern völlig unbegründet. Nutella enthält kaum mehr Zucker als Zucker und deckt den Kalorienbedarf einer strebsamen Mittelschichtsfamilie bis Mitte November. Kinder, die Nutella essen, sind friedfertig, fahren früher Fahrrad und zeigen Talent zum Erlernen von Mandarin. Äußerlich angewendet deckt Nutella Hautunreinheiten wirksam ab und verhindert dadurch die meisten Pubertätskrisen. Die kulturelle Bedeutung der Creme ist deshalb kaum zu überschätzen. Sorge bereitet eher eine mögliche Verknappung. Viele spüren bereits einen metallischen Nachgeschmack auf dem Nutellabrot – ein Zeichen dafür, dass die weltweiten Nutellavorkommen langsam dem Ende zugehen. Was dann an den Frühstückstischen geschehen wird, ist kaum auszudenken.

Toast Hawaii

Es muss hier an den Toast Hawaii erinnert werden – einen Klassiker der Kochkultur. In seiner klassischen Variante, bei der sich auf einem verbrannten Toast Schinkenersatz, Käse, Dosen-Ananas und Cocktailkirsche die Hände reichen, lieferte er die Vorlage für die Nationalfarben der Bundesrepublik (schwarz-rot-gold). Zudem befriedigte er ein Fernweh jenseits von Stalingrad oder Tobruk. Cocktailkirschen beispielsweise kannten die Deutschen erst, seit im Nachlass von Hermann Göring Hunderttausende entdeckt wurden. Adenauer kaufte den Russen damals mit einem Toast Hawaii die letzten Kriegsgefangenen ab – bis heute wird sein Gastgeschenk im Kreml aufbewahrt. Warum es, ohne einbalsamiert zu werden, so lange farbecht blieb, ist ein Rätsel. Die Russen zogen nach: In Sibirien entstanden riesige Schmelzkäsefabriken, der Fünfjahresplan steigerte die Produktion von Kochschinken auf eine Milliarde Tonnen. Sogar die Synthese von Ananas aus Leichtöl gelang den Sowjet-Forschern. Doch es war zu spät. Als die Russen ihren ersten Hawaii-Toast (Sputnik eins) präsentierten, hatte der Westen schon Senfeier und Mett-Igel serienreif. Indes dürfen die Nachteile des Hawaii-Toasts nicht verschwiegen werden. Bis heute glauben viele Deutsche, Hawaii habe ein Loch in der Mitte.

Erbswurst

Der Mensch ist, was er isst. Erst recht der Soldat. Das wissen wir spätestens seit dem deutsch-französischen Krieg. Das war übrigens der letzte Konflikt, bei dem die Deutschen ein paar Tore mehr reinmachten als ihre Gegner. Die Gründe sind längst ausgeleuchtet: Bessere Gewehre, Eisenbahnen und so weiter. Unterbelichtet blieb bisher die Rolle der Erbswurst, mit der die deutschen Soldaten ausgerüstet waren. Der Erfinder dieser ersten Massenvernichtungswaffe der Neuzeit, der Dosenfabrikant Johann Heinrich Grüneberg, starb vor 140 Jahren, weshalb wir ihn hier würdigen. Seine Idee war so einfach wie teuflisch: Erbsenmehl, Speck und Gewürze werden in eine Papierhülle gespritzt und im Feld mit Wasser aufgekocht. Bei Sedan zeigte sich die Überlegenheit der Wurst gegenüber der französischen Pâté. 39 Generäle und mehr als 80 000 Soldaten gingen in Gefangenschaft – demoralisiert vom schmatzenden Geräusch explodierender Erbsenschlacke. Heute ist derartige Streumunition längst verboten. Bei Stammtischen, Kindergeburtstagen, am Sedanstag oder beim Junggesellenabschied explodieren aber immer noch hie und da einige der Kalorienbomben. Und auch wir haben hier ein Prachtexemplar auf dem Schreibtisch. Schnell an beiden Enden gezogen, und …

Bericht aus Berlin

Die Jahresuhr

Jedes Lebewesen hat seinen eigenen Biorhythmus, nach dem es seinen Tag durchlebt. In mancher Spezies tickt eine Art Jahresuhr, die es in bestimmten Zeiten zur Ruhe beziehungsweise gesteigerter Aktivität verpflichtet. Nehmen wir das Kabinett. Es gehört zur Gruppe der endothermen Organismen. Für das Kabinett (collegium merkelensis) beginnt das Jahr mit der Winterstarre, auch Winterschlaf genannt, in der es sich im Kanzleramt einigelt, den Pulsschlag verlangsamt und die Körpertemperatur herabsetzt, woher der Ausdruck soziale Kälte stammt. In der Winterstarre zehrt das Kabinett seine beim Wahlsieg angefressenen Fettpolster auf. Der schlafähnliche Zustand kann wie beim Siebenschläfer sieben Monate dauern, also bis in den Mai hinein, was insofern komfortabel ist, als der Winterschläfer von der Frühjahrsmüdigkeit nichts bemerkt. Anschließend ist Sommerpause. Auch die Weinbergschnecke hält übrigens bei Wassermangel einen Sommerschlaf. Danach beginnt die aktive Zeit: der Herbst, der »Herbst der Entscheidungen«, wie ihn die Kanzlerin nennt. Sich räkelnd erwacht das Kabinett, fasst Beschlüsse, blättert im Terminkalender. Der nächste Bundestagswahlkampf kommt bestimmt. Der Winter steht vor der Tür und die Minister gähnen schon wieder. Die Jahresuhr tickt unerbittlich.

Der V-Mann

Es gilt eine Lanze zu brechen für den V-Mann. Der V-Mann ist eine Erfindung des organisierten Verbrechens (deshalb V), das sich Anfang des Jahrtausends in Geldnöten befand. Gangster, die an Imbissbuden Schutzgeld eintreiben wollten, wurden immer öfter mit heißem Frittierfett übergossen, die teuren D-Mark-Farbkopien waren mit dem Euro unbrauchbar geworden. Deshalb wurden V-Männer ins Leben gerufen, die einen direkten Zugriff auf die Kassen der Geheimdienste hatten. Man erkannte sie an ihren Namenschildchen, auf denen Zusel, Zwiesel oder Zausel stand, später auch Brunzdödel, Brausekopf oder Bastrock. In der Hand hatten sie Adidas-Sporttaschen, gefüllt mit Banknoten, Golddukaten und Jungfrauen. Diese Wertgegenstände hatten sie bei den Geheimdienstlern gegen Daten-CDs mit irgendwelchen Schweinereien getauscht. Heute halten sich viele Familien einen V-Mann, der auf dem Bürgeramt altes Gerümpel aus dem Keller oder Dachboden gegen Bares tauscht. Vor allem die Kinder haben mit den lustigen Tarnnamen einen Heidenspaß. Allerdings sind V-Männer in letzter Zeit ins Gerede gekommen. Wer auf Nummer sicher geht, tauscht sie beim örtlichen Geheimdienst gegen einen Satz Winterreifen um.

Halbwertszeit

Die CSU wartet brennend auf die Rückkehr von Karl-Theodor zu Guttenberg in die Politik. Doch der ehemalige Doktor Google hat seiner Partei gerade wieder eine Abfuhr erteilt. Kein Grund zur Panik, denn für ein Comeback des politischen Ausnahmetalents bleibt noch mehr als genug Zeit. Angesichts der Intensität, mit der KT in seiner Zeit als Minister in jede verfügbare Kamera strahlte, taxieren Experten seine Halbwertszeit auf mindestens 10 000 Jahre. Bis seine Radio- und Fernsehaktivität wieder auf ein erträgliches Niveau gesunken ist, muss Guttenberg in ein Abklingbecken. Da sich in Bayern kein geeigneter Zwischenlagerstandort gefunden hat, hält er sich derzeit in einem amerikanischen Think Tank auf, der ihn weitgehend von der Außenwelt abschirmt. Nun sucht die CSU nach Wegen, um die Zeit zwischen der Stilllegung von Horst Seehofer und der Wiederinbetriebnahme von Guttenberg möglichst kurz zu halten. Gerüchten zufolge haben Biotechnologen in den Geheimlabors unter der Staatskanzlei längst ein täuschend echtes Guttenberg-Plagiat fabriziert. Erfahrene Wähler werden sich davon nicht täuschen lassen. Denn den Forschern ist trotz des massiven Einsatzes von Laptop und Lederhosn ein kleiner Fehler unterlaufen: Der KT-Klon verfügt über einen echten Doktortitel.

Vom Pferd

In den Kassen etlicher Kommunen herrscht gähnende Leere. Die Kämmerer erwägen deshalb die Einführung einer Pferdesteuer. Kaum ist der Gedanke ausgesprochen, kommt auch schon die Retourkutsche in Form einer Erklärung der Deutschen Reiterlichen Vereinigung, des Deutschen Olympischen Sportbundes, des Deutschen Bauernverbandes und des Bundes der Steuerzahler. Sie warnen gemeinsam vor negativen sportlichen und wirtschaftlichen Folgen einer solchen Abgabe, die nur dazu diene, die städtischen Amtsschimmel zu mästen – obwohl diese ihr Idealgewicht längst überschritten haben. Eine Pferdesteuer wäre auch ein schwerer Schlag für die – dank der unkonventionellen Werbestrategie der Lebensmittelindustrie – zuletzt deutlich gewachsene Gemeinde der Pferdefleischfreunde. Schätzungen zufolge könnte sich eine Packung Lasagne der Marke »Jockey« um bis zu 50 Prozent verteuern – ein klarer Fall von galoppierender Inflation. Das wäre aber nicht der einzige Pferdefuß der neuen Abgabe. Denn wo eine Steuer ist, sind auch die Hinterzieher nicht weit – und die wären in diesem Fall alle passionierte Reiter, denen man schlecht mit der Kavallerie drohen könnte. Und wenn doch mal ein Steuerprüfer vorbeischaut, erzählen die dem auch nur was vom Pferd.

Schlag das Loch

Nachdem viel vom Zerfall der Ukraine die Rede war, beschäftigt sich die öffentliche Debatte in jüngster Zeit mit dem Verfall Deutschlands. Er manifestiert sich in wackeligen Brücken und Stegen, einstürzenden Neubauten, in Autobahnfugen sprießendem Löwenzahn und vor allem in den tiefen Schlaglöchern auf unseren Straßen. So mancher Politiker im Osten kennt sich in Mulden, Gräben, Förden und glazialen Rinnen besonders gut aus und hat das Problem deshalb als einer der Ersten erkannt: Er fordert nun einen Schlagloch-Soli. Denn Schlaglöcher sind immer recht heimtückisch. Sie schlagen bevorzugt auf die unschuldigen Federbeine vorüberfahrender Autos, und im Prinzip ist kein Kraut gegen sie gewachsen. Wie die Republik mit ihnen umgehen soll, wenn sie den Soli nicht will, ist noch unklar. Möglicherweise müssen wir mit Schlaglöchern leben und den Autofahrern eine Abwrackprämie dafür zahlen, dass sie ihre tiefergelegten Fahrzeuge abschaffen und durch geländegängige Autos ersetzen. Erreichen die Schlaglöcher Garzweiler'sche Dimensionen, können sie relativ gut als Panzersperren gegen feindliche Angriffe genutzt werden, womit der Verteidigungsetat entlastet würde. Zumindest haushaltstechnisch stellten sie dann kein Problem mehr dar.

Peacemaker 2.0

Frieden schaffen ohne Waffen – so locker einem dieser Slogan über die Lippen geht, so schwierig ist seine Umsetzung in die Praxis. Die Bundesregierung hat sich deshalb frühzeitig für einen anderen, pragmatischen Ansatz entschieden: die Entwicklung eines Gewehrs, mit dem selbst geübte Schützen zuverlässig an ihren Gegnern vorbeischießen. Im Rahmen des Projekts »Peacemaker 2.0« arbeiteten Experten von Heckler & Koch jahrelang an der Konzeption dieses Schießgeräts namens »G36«. Die Rüstungsgegner, die den Export der Waffe in instabile Regionen kritisieren, haben nur noch nicht verstanden, dass das G36 Deutschlands bislang ambitioniertester Beitrag zum Weltfrieden ist. Die Verteidigungsministerin denkt jetzt darüber nach, das Gewehr ganz auszumustern – was ein großer Fehler wäre. Denn für den durchschlagenden Erfolg des G36 ist nur noch etwas Feinarbeit nötig. So lässt sich die viel zu hohe Trefferquote unter kühl-gemäßigten Klimabedingungen durch gefühlvolles Verbiegen des Laufs ganz schnell auf ein erträgliches Maß drücken. Für besonders heikle Friedensmissionen fehlt zudem noch eine Flower-Power-Variante, die im gesamten Schussfeld Blütenblätter in zarten Pastelltönen verstreut. Das wirkt sich mäßigend auf die Psyche potenzieller Extremisten aus.

Sie Star, Sie!

Beim Telefonieren gibt es oft Missverständnisse. So buchte eine 62-jährige Britin per Telefon einen Flug ins spanische Granada, stellte aber nach dem Start fest, dass sie sich in einer Maschine mit dem Reiseziel Grenada befand – einer Insel in der Karibik. Sie hatte nicht bemerkt, dass ihr das Reisebüro, das die Dame offenbar nicht richtig verstanden hatte, ein falsches Ticket ausgestellt hatte. In einem anderen Fall wollte eine Frau aus Sachsen ins portugiesische Porto fliegen, buchte aber wegen ihrer etwas nachlässigen Aussprache am Telefon versehentlich einen Flug nach Bordeaux – den sie einem Gerichtsurteil zufolge auch bezahlen musste. Wir können nur ahnen, was die NSA alles falsch versteht, wenn sie den Handytelefonaten unserer Bundeskanzlerin lauscht. Schließlich steht es mit der Netzqualität nicht überall zum Besten. Lobt Merkel ihren Fraktionschef bei den Koalitionsverhandlungen mit den Worten »Kauder, Sie Star, Sie!«, versteht der diensthabende Spion »Kauder« und »Stasi«, was durchaus eine interessante Schlagzeile ergäbe. Erzählt die Kanzlerin von der »Bombenstimmung in der Baracke« bei der Nachwahlparty des CDU-Ortsvereins Bersenbrück, vernimmt die NSA die Worte »Bombe« und »Barack« – und setzt sicherheitshalber die US-Airforce in Bewegung.

Kinderschwemme

Statistiker weisen immer wieder darauf hin, dass es in Deutschland zu wenig Kinder gibt. Diese Klage ist aber nicht berechtigt, denn in den vergangenen Wochen verdichteten sich in vielen Landkreisen und Städten Deutschlands die Anzeichen für das Vorhandensein von Kindern. In Starnberg etwa wurden drei Golf-Shirts in der Größe 134 und eine Kinderdaunenjacke im Wert von rund 1300 Euro verkauft. Außerdem gab es Berichte über Kreischgeräusche, die nicht auf den Bremsvorgang eines SUV zurückgehen, und Klagen über zertretene Karamellbonbons in der Fußgängerzone. Wie viele nicht erfasste Kinder sich in verwahrlosten Wohnungen großer Städte befinden, kann nur geschätzt werden. Diese Kinderschwemme wird für den Wirtschaftsstandort und den sozialen Frieden immer mehr zur Gefahr. Kitas verbrauchen wertvollen Baugrund, die massenhafte Kindernahrungsproduktion führt zur landwirtschaftlichen Monokultur und entzieht der Dritten Welt wertvolle Ressourcen. In den Straßencafés könnten Frauen noch mehr Latte macchiato konsumieren, müssten sie nicht ständig ihren Kindern Schokolade aus dem Gesicht schmieren. Die Politik ist alarmiert und überlegt Schritte gegen die Kinderflut. Eine Kita-Maut ist im Gespräch.

Winterfett

Ein milder Winter produziert in der Politik und im Tierreich Gewinner und Verlierer. Während Eulen, Amseln und Meisen von den frühlingshaften Temperaturen profitierten, stehen Fledermäuse unter Druck. Sie hängen im Winter ja meist mit dem Kopf nach unten irgendwo herum. Da sie mangels Kälte zu wenig Fett verbrennen, werden sie zu schwer und klagen im Frühjahr über Haltungsschäden. Amseln und Meisen dagegen liegen in der Sonne und lassen sich von Rentnern Meisenknödel mit Vanillesoße servieren. Das wird für die CSU dann zum Problem, wenn sie ihre Klausur in Kreuth im Grünen inszenieren muss. Die rituelle Opferung von Parteifreunden zur Besänftigung des Winterdämons fiel dann aus, weil die Politleichen nicht im Schnee verscharrt werden konnten. So vertilgten die Delegierten nur zweieinhalb Tonnen Meisenknödel mit Schweinsbraten und tranken 14 000 Liter Weißbier – weniger als die Hälfte des normalen Kreuth-Volumens. Die schmale Kost und die milde Witterung führten bei vielen CSU-Funktionären zu Schwindel und dem Verlust an politischer Orientierung – Experten sprechen vom Tegernsee-Syndrom. In Berlin wiederum muss der neue Kanzleramtsminister erstmals seit Jahren seine Fettreserven nicht angreifen. Das belastet den Haushalt mit bis zu 13 Millionen Kalorien.

3-D-Politik

Die Entwicklung des 3-D-Druckers ist eines der faszinierendsten Kapitel der Technikgeschichte. Der erste 3-D-Drucker entstand in einem Computer-Schnupperkurs an der Volkshochschule Detmold. Dort hatten sich 15 Jahre lang in einem 24-Nadeldrucker Kuchenkrümel und Brötchenreste bis zum Blatteinzug aufgestaut. Beim Ausdruck eines Word-Dokuments verformten sich diese Partikel unter Einfluss von Hitze zu einer Plastik ähnlich der Laokoon-Gruppe im Vatikan.

Heute sind 3-D-Drucker aus der Politik nicht mehr wegzudenken. Die CSU verfügt über einen riesigen Bestand an hochmodernen D-Druckern von BMW. Die Geräte sind für die Partei deshalb wichtig, weil mit Christian Schmidt der letzte verfügbare unbekannte und talentfreie Funktionsträger in ein politisches Amt gerückt ist. Sollte die CSU irgendwann weitere Posten auf Ministerebene beanspruchen, muss sie sich die betreffenden Parteimitglieder ausdrucken. Grundstoff für die Herstellung eines CSU-Ministers ist ein Amalgam aus Bier-Dunst, leicht formbarem ideologischem Knet und Weißwurstbrät. Ingredienzien also, die jede Münchner Apotheke vorrätig hat. Ob die Koalition in Berlin die von CSU-Chef Seehofer immer wieder geforderten Menschenopfer auch ausdrucken darf, ist dagegen noch offen.

Berliner Loch

Das Sommerloch im politischen Berlin gilt als das größte aller bekannten Sommerlöcher. Es erstreckt sich vom Reichstag aus eine ganze Dienstwagenreichweite in alle Himmelsrichtungen und ist in der Lage, einen Politikbetrieb mit Büros, Hinterbänklern und parlamentarischen Anfragen zu verschlingen. Politiker, die im Sommerloch verschwunden und wieder aufgetaucht sind, berichten von berührenden Phänomenen: Sie schwebten über dem Jakob-Kaiser-Haus, angezogen von einem seltsamen Licht, aus dem die Mundharmonika Herbert Wehners drang. Viele sagten, dass sie kurz davor waren, die Wiedervereinigung zu verhindern. Andere waren in der Lage, die Bundesdrucksache zum »Entschließungsantrag des Gesetzes über den Nationalen Zuteilungsplan für Treibhausgas-Emissionsberechtigungen« zu verstehen. Das müsste alle verstummen lassen, die nicht an das Sommerloch glauben. Aber selbst Zweifler geben zu, dass es ein Sommerloch geben muss, weil nur in Abwesenheit vieler Politiker und Journalisten vernachlässigte Themen bearbeitet werden können. Zu nennen wären das Gesetz zum Rückwärtsgang für Rasenmäher, das Verbot, vom Fahrrad zu fallen, und die Überwachung der Haupt- und Werkrealschulen durch Kampfdrohnen.

Zwiebelzahnwurz

Der Verfassungsschutz reformiert sich, um seine Attraktivität zu erhalten, denn der Mythos des Geheimagenten bröckelt, seitdem in der Öffentlichkeit nicht mehr geraucht werden darf und Spionageringe beim Ordnungsamt angemeldet werden müssen. Warum sollte jemand Agent werden, wenn er auch an der Tankstelle arbeiten, Pfandflaschen sammeln oder S-Bahnen reinigen kann? Zuletzt war den Geheimdiensten jeder Bewerber recht. So erklärt sich, dass beim Neubau des BND in Berlin alle Wasserhähne geöffnet waren, weil die Mitarbeiter links und rechts verwechselten. Künftig aber muss ein Agent zwischen Glatze, Halbglatze und Stirnglatze unterscheiden und diese politisch einordnen können. V-Männer müssen einen einwandfreien Leumund aufweisen. Sie werden künftig nur noch unter buddhistischen Mönchen, Richtern und Diakonissen rekrutiert. Die neue Behörde hat drei Millionen Beschäftigte, von denen jeder Anspruch auf ein Büro mit Gummibaum hat. Zusammen mit dem Zentrallager für die Codewörter (von Agapismus bis Zwiebelzahnwurz) ergibt sich ein Flächenbedarf von 400 Fußballfeldern. Als Standort für den Verfassungsschutz komme also nur das Lausitzer Becken in Frage. Dort darf an Feiertagen auch geraucht werden.

Hackerangriff

Hackern gelingt es immer wieder, in die Computer des Bundestags einzudringen, also ins Herz des deutschen Parlamentarismus. Offenbar suchen die Datendiebe dort nach digitalisiertem Archivmaterial, das sie auf dem Russenflohmarkt in Berlin verkaufen wollten. Die legendäre Schmidt-Schnauze etwa, die dem damaligen Bundeskanzler bei hitzigen Debatten gute Dienste leistete, gibt aus einem Panzerschrank heraus noch immer Kommentare zur Weltpolitik ab und ist bei Sammlern gefragt. Die Telefonliste Helmut Kohls umfasst drei Millionen Nummern, da der Kanzler damals die Löschtaste nicht fand. Einige Einträge (»N. Blüm«) sind mit hässlichen Original-Fratzen übermalt. Für das Video des Wolf-Biermann-Auftritts im Parlament hat die Linkspartei ein Kopfgeld von 100 000 Euro ausgesetzt. Es ist seit dem Hackerangriff verschwunden. Das eigentliche Zentrum des deutschen Parlamentarismus fanden die Hacker nicht. Es ist das Gesetz »zur Durchführung der Einkommensteuer- und Körperschaftsteuerveranlagungen für die Veranlagungszeiträume von 1948 bis 1948«. Hier vereinigt sich luzide Formulierungskunst mit loderndem Engagement für die aufstrebende Finanzverwaltung. Die Datendiebe wurden übrigens gefasst, weil sie über der Lektüre einnickten.

Crystal Meth

Es ging ja bisher ganz beschaulich zu, in unserem Parlament. Im Augustiner Eck saßen die Bayern und starrten versonnen in die zerplatzenden Schaumbläschen ihrer Weißbiergläser. Die Linken packten gerne mit an, wenn am Lieferanteneingang die Kartons mit Nordhäuser Doppelkorn ausgeladen wurden. Bei den Grünen schmurgelten die Wasserpfeifen, bis der süßliche Qualm die Rauchmelder zum Sprechen brachte. Nur die Prosecco-Gläser bei der FDP sind Geschichte. Dennoch: der gepflegte Eskapismus aus der Welt der Gesetzesvorlagen und Kleinen Anfragen macht unser Parlament zu einem der bestfunktionierenden weltweit. Spekulationen zufolge wurde auch die Modedroge Crystal Meth parlamentsfähig, was zeigt, dass sich die Politik dem gesellschaftlichen Wandel nicht verschließt. Die aufgerissenen Augen des SPD-Abgeordneten Hartmann in der legendären Nachtsitzung zum Bundeshaushalt gehören zu den bewegendsten Momenten der Parlamentsgeschichte. Er steht nicht allein: Historische Beschlüsse wie die Einführung einer Fahrradmaut, die Beschaffung von Kriegselefanten für einen friedenserhaltenden Einsatz im Südsudan und die Fernosterweiterung sind ohne den Einfluss opioider und halluzinogener Substanzen gar nicht denkbar.

Hybridfrauen und Handymänner

Stehendes Nichts

Laut einem Gerichtsurteil dürfen Männer in einer Mietwohnung im Stehen urinieren – auch wenn es unkontrolliert spritzt. Das wirft beunruhigende Fragen auf: Was passiert bei dieser Verrichtung? Wohin geht der Blick? Welche Auswirkungen auf unser Bildungssystem hat der durch das Stehen erzwungene Verzicht auf Toiletten-Literatur – sei es »Titanic«, »Auto, Motor, Sport« oder Paulo Coelho? Festzuhalten ist zunächst, dass der Mann, wenn er sich stehend entleert und den Kopf in einem Winkel von 46 Grad nach oben richtet, in der Lage ist, nichts zu denken. Das heißt tatsächlich: nichts. Also NICHTS. Damit ist erwiesen, dass es das Nichts im physikalischen und philosophischen Sinn gibt. Es haust in Toiletten, kichert hinter abseits stehenden Bäumen oder strömt aus den Urinal-Altären der Autobahnraststätten. Mit der Freigabe der stehenden Entleerung wird dieser gedankliche Hohlraum allerdings ein beunruhigendes Ausmaß erreichen. Denn im Nichts hat man es bequem, vor allem wenn der Blasendruck nachlässt. Dieses Gefühl werden sich jene junge Männer nicht mehr nehmen lassen, die es – von Kindesbeinen an zum Sitzen verurteilt – nie kennengelernt haben. Eine ganze Generation wird sich im Nichts einhausen. Wir sind erledigt.

Kombigeschenk

»Ja also, ich suche was für meine Frau. So zum Anziehen, Sie wissen schon, für drunter.« »Größe?« »Na ja, vielleicht so wie diese Yuccapalme dort hinten.« So laufen ja viele Gespräche in Dessousgeschäften ab, in die sich verängstigte Männer auf der Suche nach einem Geschenk für die Frau ihres Herzens begeben. Verunsichert durch das fremde Terrain verstecken sie sich hinter einem Bademantel, bis sie von einer makellosen Verkaufsberaterin aufgespürt und ins Kreuzverhör gezwungen werden. Frauen dagegen sind kreativer, werden aber durch das Desinteresse ihrer Männer an Geschenken entmutigt. »Schatz, lag da nicht ein Päckchen auf deinem Schreibtisch«, so die sybillinische Frage, die meist mit dem Dreiklang: »Kann sein – ist im Papiermüll – war da was Wichtiges drin?« beantwortet wird. Es ist also schwierig mit dem Schenken. Könnte aber einfach sein, wie Angelina Jolie beweist, die ihrem Verlobten Brad Pitt einen Helikopter samt Flugstunden und Landeplatz schenkt. Solche Kombinationsgeschenke sind im Trend. Warum nicht mal einen verchromten Rührblitz samt Koch schenken? Ein Fahrrad plus hundert Meter Radweg? Einen Besuch auf dem Kirchentag mit drei Beichten? Im Dessousfall hieße das: die Unterwäsche und die Verkäuferin. Fragen Sie mal nach.

Bürobakterien

Bisher galt als gesichert, dass sich in deutschen Büros nach drei Uhr nachmittags nichts bewegt. Jetzt wissen wir es besser. Tausende von quirligen Einzellern mäandern durch einen nahrhaften Schlick aus verschwitzten Sakkos, mit Essensresten verstopften Computertastaturen und körperwarmen Bürostühlen – Keime, die der Büromensch unter der Achselhöhle, auf Schuhen und Taschen einschleust. Forscher der San Diego State University identifizierten jetzt mehr als 500 verschiedene Bakteriengattungen. Auffällig war: in reinen Männerbüros lebten deutlich mehr Mikroben als in der femininen Bürowelt. Das ist nicht verwunderlich, denn viele Männer sind Einzeller. Setzt man sie auf ein Ziel an, ackern sie wie wild los und gucken nicht nach links oder rechts. Falls sie sich zu Konkurrenten um den eigenen Arbeitsplatz entwickeln, spült man sie auf der Toilette weg und kann die Früchte ihrer Arbeit für sich beanspruchen. Frauen ist dieses asoziale Verhalten natürlich fremd. Sie haben funktionierende Bürogemeinschaften mit ihren Bakterien, die sich in stehen gelassenen Proseccotümpeln pudelwohl fühlen. Unter uns: diese Glosse sollte auch von einer Mikrobe geschrieben werden. Aber dem Miststück haben wir eine ordentliche Dusche mit Hygienespray verpasst.

Säuglingslärm

Wenn mehr Frauen ins Management sollen, müssen sich die Väter verstärkt um den Nachwuchs kümmern – Quote hin oder her. Zumindest bei Nacht sind dieser Tätigkeit aber natürliche Grenzen gesetzt. Britischen Psychologen zufolge wachen Männer vom Schreien eines Babys schlechter auf als Frauen. Dabei können es die Kleinen in puncto Schalldruck mit einem Düsenjet oder einer Kettensäge aufnehmen. Trotzdem stört selbst eine summende Fliege den männlichen Schlaf mehr als ein schreiender Säugling. Der potenteste Schlafkiller für Männer sind Autoalarmanlagen. Die Forscher begründen dies mit der steinzeitlichen Rollenverteilung. Sie: Brutpflege. Er: Logistik und Fuhrpark. »Glaubt ja nicht, dass ihr euch mit diesem soziobiologischen Quatsch vor dem Babystress drücken könnt!«, echauffiert sich eine Kollegin. Dabei ließe sich mit etwas Technik leicht wieder Geschlechtergerechtigkeit herstellen: Der Säuglingslärm wird elektronisch in das Geräusch einer Autoalarmanlage übersetzt – auf Wunsch mit Dauerblinken. Dafür quittiert die Diebstahlsicherung der Familienkutsche Einbruchsversuche mit kraftvollem Babygebrüll. Im günstigsten Fall schläft der verhinderte Dieb – so es sich nicht um eine Frau handelt – davon sofort ein und kann am Morgen der Polizei übergeben werden.

Sudo, ergo sum

»Still, ich rieche eine Frau«, wispert Don Giovanni in Mozarts Oper. Heute täte sich der flamboyante Frauenheld schwerer, denn in Europa wird die Luft dick. In Flugzeugcockpits zog erstickender Qualm ein, der möglicherweise den Körperdrüsen jener Versicherungsaußendienstler entströmt, die sich auf der Rückkehr von einer Belohnungsreise befinden. Gemäß dem alten Branchenwahlspruch »sudo, ergo sum« – »ich schwitze, also bin ich« – hatte man hart über die neuen Unisextarife verhandelt, da blieb wohl keine Zeit mehr für Körperpflege. Schlimm erwischte es unlängst auch jene Mitarbeiterin der US-Botschaft in Berlin, die über Übelkeit und Erbrechen klagte, als sie einen albanischen Reisepass überprüfen wollte. Albanische Pässe fallen unter die Haager Landkriegsordnung für chemische Kriegsführung und müssen deshalb immer in frische Socken eingewickelt werden. Das wurde versäumt. Und im Herbst kommen die Ausdünstungen toter Tiere und halb toter Menschen dazu, die von den großen Volksfesten aufsteigen und sich in der Atmosphäre mit den Faulgasen aus den Kellern der Notenbanken in Südeuropa vereinen. Wenn das so weitergeht, kann der Alte Kontinent nur noch mit Atemmaske betreten werden. Der Duft der Frauen hat keine Chance mehr.

Autoliebe

Die Deutsche Presse-Agentur hat berichtet, dass die Mehrheit der Autofahrer in Deutschland ihren Fahrzeugen viele Jahre lang »treu« bleibe: Ein Drittel behalte den Wagen sechs bis zehn Jahre, mehr als jeder Fünfte sogar länger. Ein weiteres Fünftel trenne sich erst, wenn das Auto seinen Gang zum Schrottplatz antritt. Die Loyalität vieler Menschen zu einem Gegenstand mit vier Rädern ist somit statistisch gesehen höher als die zu einem Menschen mit zwei Beinen. Schließlich passieren die meisten Scheidungen im sechsten Ehejahr. Was hat das Auto, was ich nicht habe? Und was lässt ihm so lange Zuneigung zuteil werden? Das werden sich viele Trennungsopfer fragen. Ist es der frisch polierte Lack? Der korrosionsfreie Unterbau? Oder das fachmännisch ausgeführte Tuning mit Spoiler und tiefer gelegtem Fahrwerk, das das Auto frisch hält und ihm die andauernde Liebe sichert? Mit Facelifting und Fettabsaugen versucht so mancher Lebenspartner auch eine Art Tuning. Dennoch: Das Auto hat Vorteile uns gegenüber. Sein Zustand wird regelmäßig vom TÜV überwacht, Inspektionen sind im Scheckheft festgelegt und mit der Schwacke-Liste lässt sich sein Wert jederzeit aktuell taxieren. Da ist das Zivilrecht im Autohandel doch weiter als das Eherecht!

Saugschwäche

Die Beteiligung deutscher Männer an der Hausarbeit lässt nach einer Studie des Staubsaugerherstellers Vorwerk – das sind die mit dem »Kobold« – nach wie vor zu wünschen übrig. Schade, denn der Anblick einer Wohnung, die man von eigener Hand auf Hochglanz gebracht hat, ist ein therapeutisch wertvolles Erfolgserlebnis – auch wenn es nach einer halben Stunde schon wieder aussieht wie Sau. Dass viele Männer sich dieses positive Gefühl entgehen lassen, liegt in erster Linie daran, dass die verfügbare Hard- und Software ihre Bedürfnisse nur ungenügend erfüllt. Das wirft kein gutes Licht auf Hausgerätehersteller wie Vorwerk. Dabei müssten sie einfach nur bei der naiven Technikbegeisterung von Männern ansetzen. Wo bleibt der Staubsauger mit Trainingscomputer, an dem sich die aktuellen Rundenzeiten bei der Reinigung des Wohnzimmerteppichs ablesen lassen? Warum hat die neue Waschmaschine keinen vernünftigen Internetzugang, über den man mit Gleichgesinnten in Echtzeit Optimierungspotenziale bei der Wäschesortierung identifizieren könnte? Schon Loriot selig wusste, dass sich mit innovativer Haustechnik neue Märkte erschließen lassen: »Es saugt und bläst der Heinzelmann, wo Mutti sonst nur saugen kann.« Ein Kobold, wer hier Schlechtes denkt.

Mensch und Motte

Wenn es um die Fortbewegung auf vier Rädern geht, verfügen Männer über ein gesundes Selbstbewusstsein. Nicht wenige sind davon überzeugt, dass sie zu den besten Autofahrern in diesem Teil des Universums gehören. Doch nun droht harte Konkurrenz: japanische Forscher haben 14 männliche Motten darauf trainiert, Roboter mit Rädern durchs Labor zu manövrieren. Sie fuhren zwar einige Schlenker, erreichten aber am Ende unfallfrei das Ziel – was durch den exzessiven Gebrauch von Navigationssystemen verwöhnten Vertretern der Art Homo sapiens nicht immer gelingt. Selbst bei gravierenden Manipulationen an der Lenkung kam immer noch knapp die Hälfte der Motten unversehrt an. Menschen hätten unter ähnlichen Bedingungen vermutlich wesentlich mehr Unfälle verursacht, schreiben die Wissenschaftler. Trotz der klaren fahrerischen Überlegenheit der Insekten gibt es auch Parallelen zwischen Mensch und Motte. So kleben einem auf der linken Spur der Autobahn manche Oberklassepiloten ähnlich penetrant am Heck wie Nachtfalter an der Schreibtischlampe. Inwiefern dabei – wie in den Mottenversuchen – Sexualhormone als Lockstoffe eine Rolle spielen, muss allerdings noch erforscht werden. Dr. Motte, übernehmen Sie!

Handyman

Wir Männer sind durchschaut. Medienpsychologen der Uni Würzburg haben festgestellt: »Das Handy ist mehr als ein Handy. Es ist auch ein sexuelles Signal und sagt etwas über die Fortpflanzungsstrategien seines Besitzers aus.« Sagt Professor Frank Schwab. Sprich: junge Männer mit auffälligen Smartphones sind besonders häufig an sexuellen Abenteuern interessiert. Wenn man uns also sieht, wie wir mit einem 17 Zoll großen Gerät am Ohr durch den Büroflur laufen, ist die Sache klar, oder? So ist er, der Mann. Auf die Wünsche der Frau nimmt er keine Rücksicht. Jeder weiß doch: für Frauen kommt es auf die Größe der Displaydiagonale gar nicht an. Und doch: der Werbespruch eines großen Herstellers (»Mehr als größer«) macht uns Männer blind für das, was Frauen wirklich wollen. Uns ist die Ausdauer (des Akkus) wichtiger, und permanentes Touchscreen-Streicheln muss nicht notwendigerweise auf einen einfühlsamen Mann hindeuten. Frauen wollen, nein, keinen Vibrationsalarm, sie wollen eine langfristige Bindung (Übersetzung für Männer: einen Vertrag). Das übrigens können sie ebenfalls über die Handymarke erkennen. Männer, die an langfristigen Bindungen interessiert sind, bevorzugten ein günstiges Smartphone mit niedrigerem Status.

Geschlechtliches

Was ist man, wenn man Radio gehört hat? Oft blöder, manchmal auch schlauer. Sind aber die Wörter »blöder« und »schlauer« geschlechtergerecht formuliert? Muss es nicht vielmehr heißen: blöderin und schlauerin? Es heißt auch nicht Radiohörer, sondern Radiohörende, so wie es in Behörden angeraten ist, statt Fußgänger »Zufußgehende« und für Radfahrer »Radfahrende« zu schreiben. Vor allem auf Verkehrsschildern, also Verkehrsschildernden. Als Radiohörender nein: als Teil der Radiohörendengemeinde hat man in SWR 2 neulich mitgekriegt, dass die Prinzipienreiter von früher heute Partizipienreiter sind, besser: Partizipienreitende. Endlich weiß man, warum keine Menschin und kein Mensch mehr »Studenten« sagt, sondern »Studierende«. Das ist geschlechtergerechter, weil bei »Studierende« Frauen sichtbarer sind. Mmh!?! Natürlich wissen wir längst, dass es nicht »der Frau« heißt, sondern »die Frau«. Weshalb wir nicht mehr »das Kleid der Frau« sagen, sondern »das Kleid die Frau«. Geschlechtergerechtes Sprechen, liebe Mitbürgende, ist für Männer noch anstrengend, deshalb brauchen wir nun einen Obstler. Sind wir dann Obstlernde? Für alle Partizipientreuen kommt jetzt noch: das Glossenende. Und damit: Dienstende.

Taschengold

Anders als Männer haben Frauen – besonders die berühmten – immer ein Pfund, mit dem sie wuchern können: ihre Handtasche. Die US-Schauspielerin Doris Day hatte immer eine große Kollektion und ließ auch mal welche versteigern. Eine Tasche von Doris Day – wow! Die Accessoires prominenter Frauen sind so wertbeständige Anlageformen wie Gold, Schatzbriefe oder Nachforderungen des Miesbacher Finanzamtes. Eine gebrauchte Handtasche von Maggie Thatcher, die mit ihrer schwarzen Asprey auch Drohkulissen aufbauen konnte, was den Begriff »Handbagging« prägte, ist mal für 25 000 Pfund versteigert worden. Auch deutsche Politikerinnen sind taschenaffin. Claudia Roth (Grüne) transportiert Parfüm im voluminösen Lederbeutel; Hannelore Kraft (SPD) hat einmal im Laufschritt die Bundesversammlung verlassen, wobei sie ihre Tasche so umklammerte, als ob die ein Geländer sei und ihr notwendigen Halt gebe. Und Angela Merkel (CDU) legt sich fast jedes Jahr eine neue Longchamp zu – mal orangefarben, mal dunkelrot, mal schwarz. Ihre Sammlung wächst durch Zukauf wie eine Münz- oder Briefmarkensammlung. Was Doris Day betrifft, interessiert nur: Aus welchem Plastik ist ihr gutes Stück? Krokodil wird's wohl nicht sein. Der Erlös geht an den Tierschutz.

Hybridfrauen

Die Internationale Automobilausstellung in Frankfurt gilt als weltgrößtes Schaufenster der Weiblichkeit. Tausende Frauen, von Scheinwerfern bestrahlt, vom Reinigungspersonal abgestaubt und wie in jedem Jahr mit herumstehenden Autos dekoriert, präsentieren sich den Fachbesuchern. Diese wissen die Mischung aus Erotik und modernster Technologie zu schätzen. Das hat natürlich Folgen: Während der IAA ist die Luft über dem Frankfurter Messegelände so testosteronhaltig, dass sogar die Dekorations-Autos schwitzen und zu unkontrollierten Übersprunghandlungen (Triebkolbenfehlzündung) neigen. Das Augenmerk richtete sich mehr und mehr auf Hybridfrauen. Sie können an der Steckdose aufgeladen werden und ertragen dank verbesserter Leidensfähigkeit bis zu drei Tage lang die Belastung einer Patchworkfamilie. Wer mehr Reichweite will, betankt sie mit Champagner und fährt mit ihnen in die Oper. Die Formensprache der IAA-Frauen hat sich im Laufe der Jahre verändert. »Barocke Ornamentik weicht Singleframes mit großem Kühlerschlund«, heißt es in der Fachpresse. Federbeine sind Standard. Wenn die IAA zu Ende geht, dann werden die Männer aus den Hallen gedrängt und fallen wieder in die gewohnte Depression.

Neue Männer

Schwarz ist das neue Blau, Bielefeld das neue Florenz, und die Männer sind die neuen Frauen. Das legt eine neue Studie namens »The State of Men« nahe. Danach werden immer mehr Männer gezwungen, Job und Familie zu vereinbaren. Sie gehen also nach der Arbeit nicht in die Bar, sondern nach Hause. Dort schalten sie nicht sofort den Fernseher an, sondern kochen. Zuvor sind sie zögernd um das Gemüsefach ihres Supermarkts geschlichen, haben ihr Hüftgold beim Zumba bekämpft und – das ist noch unbestätigt – sich zum Federballspielen verabredet, was eindeutig auf eine feminine Disposition hindeutet. Die Folgen dieser Verweiblichung sind dramatisch: Die Zahl der Schuhläden, Nagelstudios und Salatbars wird zunehmen. Es werden derartig viele Beziehungsgespräche per Mail und Handy geführt werden, dass der Abhörserver der NSA in Utah binnen kurzer Zeit überhitzen, explodieren und sich in einen orangefarbenen Feuerball verwandeln wird. Aus dem Qualm werden sich Millionen uralter Sprachfragmente lösen, in denen echte Männer über Fußball, das Leben und die Einstellung der Drosselklappe ihrer Harley-Davidson räsonieren. Wenn diese Dokumente in falsche Hände kommen, ist unsere ganze Feminisierung für die Katz. Dann müssen wir wieder von vorn anfangen.

Volkes Stimme

Osterreiten

Viel zu selten wird über die Osterbräuche in der zweisprachigen Lausitz geredet. Im Lübbenauer Ortsteil Zerkwitz etwa ist das Osterreiten, ein sorbisches Ritual in der katholischen Oberlausitz, sehr populär. Männer im Gehrock und mit Zylinder auf dem Kopf hoppeln da nach Klein Radden. Eine andere Route des Osterreitens führt von Ralbitz nach Wittichenau, wieder andere Routen von Crostwitz nach Panschwitz-Kuckau, von Radibor nach Storcha und von Nebelschütz nach Ostro sowieso. Auch das Ostritzer Ostersaatreiten ist äußerst beliebt, wobei zu Gehrock und Zylinder hier noch blank gewichste Stiefel beim Reiter hinzukommen. Bevor jetzt Tierschützer kommen und wieder schlecht gelaunt pflaumen, der Hase sei nun wirklich kein geeignetes Reittier, halten wir fest: Der Osterhase wird auch in der Oberlausitz nicht geritten, sondern das Pferd. Der Osterhase galoppiert nicht, er legt Eier – jedenfalls in Nord- und Ostsee. Der Seehase, vielmehr das Seehasenweibchen, laicht laut dem schleswig-holsteinischen Umweltministerium im Frühjahr bis zu 350 000 Eier, ist also der einzige Hase, der wirklich Eier legt. Man kann diese Eier nicht färben, sie sind kaviarartig groß, also klein. Der Seehase ist nämlich ein Fisch. Auch Fische kann man nicht reiten – selbst Seepferdchen nicht.

Eisbärsalat

Wer hat nicht schon mal rinks und lechts velwechselt, der werfe das erste Schwein. Verwechslung ist das halbe Leben, eher mehr. Man kann niemandem ernsthaft vorhalten, dass er am liebsten die H-Moss-Melle von Johann Sebaldrian Bach hört. Täte man dies, wäre die Konsequenz unumgänglich: Reden ist Schweigen, Silber ist Gold. Apropos: warum hat eigentlich die Morgenstund Mangold im Mund? Überhaupt: hat nicht jeder schon einmal Eisbärsalat gegessen? Na, also. Deshalb ist es ungerecht, der Polizei vorzuwerfen, sie habe einen »Aktenzeichen XY«-Verbrecherdarsteller statt des echten Verbrechers festgenommen. Deshalb ist so unfair, einer Londoner Investmentfirma nachzutragen, dass sie ein Kündigungsschreiben per E-Mail nicht nur an den betreffenden Mitarbeiter, sondern an alle 1300 Angestellten versendet hatte. Und deshalb ist es schäbig, einer Frau in Neu-Ulm Vorwürfe zu machen, weil sie neulich die Polizei rief. Die Spaziergängerin hatte Schreie aus einem Haus gehört. »Nein! Nein! Nein!« – ständig diese Rufe! Menschen in Not! Mindestens! Als die Polizei eintraf, stellte sie fest: verwechselter Alarm. Die Schreier waren Bayern-Fans, die im Fernsehen das Elfmeterschießen gegen Real verfolgten. Bayern-Fans – auch so eine Verwechslung.

Boris zwitschert

»Habe große Bewunderung dich. Begehre, sobald wieder in Stadt.« – »Idee für Nonsens im Hirn – schreibe Glosse wenn Buchstabensuppe gerührt.« – »Danke, dass Sie gekauft Radiowecker. Wenn rote Schalter Beine in Hand und flugs Arbeit für Boss aufnehmen.« Das waren so einige Bespiele, die zeigen, wie die deutsche Sprache kreativ der zeitlichen Verdichtung unseres Lebens angepasst werden kann. Wer zu viele Worte macht, gilt zu Recht als intellektueller Schwätzer. Eine neue Qualität hat diese Sprachveredelung durch eine Twitter-Meldung von Boris Becker erhalten. »Grosser Bewunderer von Angela Merkel! Ich bin sehr stolz und werde Patriot, als Sie Friedensnobelpreis gewonnen hat!!!«, twitterte der Leimener unlängst. Es geht also um die Entscheidung Merkels, Patriot-Raketen nach Oslo zu schicken, die dort den Weltfrieden sichern. Becker, ein aufmerksamer Chronist der Zeitläufte, ist in guter Gesellschaft: »Werde verrückt, als Airport teuerer wie KaDeWe ist«, twitterte ein Berliner Politiker. »Kleinsektempfang weil Führer Geburtstag und stolz deutsch sein«, hörte man im April aus dem NPD-eigenen Reichszwitscherdienst. »Atomdings zurückgekauft, jipppieh!«, lautet die letzte Twittermeldung von Stefan Mappus. Wie, Sie wollen es noch kürzer? »Ngt, demn mhr!«

Recht auf Faulheit

Für die meisten Menschen von heute, so sagen uns die Soziologen, sei Arbeit nicht mehr nur Last, sondern eine schöne Pflicht. Da scheinen wir ja den idealen Kompromiss gefunden zu haben. Vor nicht allzu langer Zeit gab es eine »Null-Bock-Generation«, die sich vor allem im Nichtstun verwirklichen wollte. Nun ist die Tatsache, dass der Mensch »das einzige Tier ist, das arbeiten muss« (Immanuel Kant) immer schon umstritten gewesen. Für die alten Griechen war Arbeit eines freien Mannes nicht würdig, später forderten Personen wie der Komponist Rossini ein Recht auf Faulheit ein. Auf der anderen Seite gab es Menschen, die von sich sagten, Arbeit sei das Einzige, was sie nicht müde, ja überhaupt zum Menschen mache. Es entstand das Arbeitsethos, das im Motto gipfelte: »Wer nicht arbeitet, soll auch nicht essen.« Das sagten gern jene, die selbst nicht malochen mussten. Die Maloche gibt es noch immer, aber für viele bringen die digitalen Medien Entlastung, sofern ihre Benutzer die Fähigkeit aufbringen, dem Zwang zur Selbstoptimierung zu entgehen und hin und wieder abzuschalten. Sonst droht seelische Erschöpfung. Die richtige Einstellung zur Arbeit ist also gar nicht so einfach. Kürzlich sagte ein Ruheständler: »Ich habe den Unterhaltungswert von Arbeit unterschätzt.«

Nie mehr allein

Durch die Enthüllungen von Edward Snowden wissen wir, dass westliche Geheimdienste eigentlich alles anzapfen, was lose oder fixiert weltweit als Leitung gestrippt ist. An Glasfaser- und Breitbandkabel, Telefondrähte und die Kupferleitung in der Wand legen sie ihre Lauscher, vermutlich auch an Milchleitungen in den Melkanlagen unserer Kuhställe. Wie die Milch da gluckert, das lässt Rückschlüsse auf Virenbefall oder einen möglichen Anschlag mit B-Waffen (biologisch) zu. So wie der Marder seine scharfen Zähne gerne in das Gummi der Bremsschläuche unserer Autos schlägt, so nuckelt der Mitarbeiter amerikanischer oder britischer Nachrichtendienste an den Lecks der angezapften Kommunikationskanäle und labt sich daran. Er verleibt sich Gespräche und Texte ein, und – dieser Aspekt wird in der Debatte völlig außer Acht gelassen – er tut dies auch zum Wohle aller Beladenen, Alleinstehenden und Einsamen in diesem Land. Denn man ist ja nie mehr allein. Wer sich selbst eine Mail schickt oder nachts mit dem Anrufbeantworter eines Warenhauskonzerns plaudert, um seine Sorgen abzuladen – der wird mitgelesen oder abgehört. Eines fernen Tages kommt vielleicht eine tröstliche Antwort aus dem NSA-Hauptquartier in Fort Meade (USA): »Ja, ich verstehe Sie gut!«

Wahlqualen

Die Ostdeutschen tun sich mit dem Wählen schwer – so schwer, dass bereits die Forderung laut wird, ihnen das hart erkämpfte Wahlrecht wieder zu entziehen oder es bei Ebay zu verticken. Milder gestimmte Zeitgenossen schlagen wegen der geringen Wahlbeteiligung in Brandenburg und Thüringen vor, die Stimmabgabe durch Aufstellung von Urnen an vertrauten Orten wie Supermärkten oder Imbissbuden zu erleichtern. Schilder könnten bei der Orientierung helfen: »In Mandy's Goldbroilerbraterei haben Sie die Wahl.« Zudem könnten Aldi & Co. den Parteien Werbeflächen überlassen – etwa am Kühlregal: »Wählen Sie jetzt die leichte SPD – die macht garantiert nicht dick.« Mag ja sein, dass die Ossis sich im politischen Bereich beim Wählen etwas mehr quälen als die Wessis. Doch auf einem anderen wichtigen Feld tun sich die Menschen in Ost und West gleichermaßen schwer: beim Autokauf. So fürchten einer Erhebung zufolge 39 Prozent der Deutschen, beim Autokauf das falsche Fahrzeug zu wählen. Was soll der Nachbar auch denken, wenn plötzlich ein rot-rot-grüner Golf vor dem Haus steht – oder ein dunkelblauer Mittelklassewagen, in den statt des Antiblockiersystems ABS die umstrittene Lenkhilfe AfD eingebaut wurde, und der deshalb ziemlich heftig nach rechts zieht?

Hol mich raus!

Es kommt vor, dass ein Urlaub mal so richtig versaut ist: vier Wochen Regen auf Malmö, Quallenseuche an der Adria, Urlaub mit nörgelnden Kinder im Bregenzer Wald, die alle 500 Meter der Wanderstrecke mit Eis oder Pommes entlohnt haben wollen. Die Liste ließe sich verlängern. Bei den unter ihrem Urlaub leidenden Werktätigen keimt dieser Tage eine Hoffnung. Vielleicht ruft der Chef an, holt mich zurück? Unternehmerische Gepflogenheiten der Bahn, deren Chef das Gespräch mit Ferien machenden Fahrdienstleitern aus Mainz suchte, legen es nahe, dass nicht nur der direkte Vorgesetzte anrufen kann. Nein, ist gut möglich, dass der ganz große Boss sich meldet, der Vorstandsvorsitzende. Nehmen wir ein fiktives Beispiel: Müller-Meier ist Mitarbeiter bei Daimler, wird im Urlaub in Rimini aber gerade Opfer einer Mückenplage und rot gestochen. Da ruft der Konzernchef höchstpersönlich an, sagt: »Hören Sie, Müller-Meier, brauche Sie jetzt am Band in Untertürkheim, sonst geht der Laden den Bach runter.« Vermutlich wird Müller-Meier sagen: »Schön dass wir mal miteinander sprechen, bin natürlich gleich da.« Kurzum: ist der Akku fast leer, geht man in Urlaub. Leert sich der Akku da noch schneller, sollte das Handy griffbereit sein.

Die Firma feiert

Laut einer in der »Apotheken Umschau« veröffentlichten Umfrage scheut sich jeder vierte Deutsche, an einer betrieblichen Weihnachtsfeier teilzunehmen. Warum nur? Diese Veranstaltungen dienen doch dem Betriebsfrieden. Sie geben Zeit und Raum, sich beim Duft von Zimt- und Strohsternen näherzukommen. Viele Mitarbeiter empfinden es als Labsal, wenn sie nach einem geschäftigen Arbeitsjahr in besinnlicher Runde mit den Kollegen sitzen. Da dürfen sie im Schutz der seligen Stunde freimütige Bemerkungen über die Silberstrümpfe ihrer Abteilungsleiterin (»Wie Lametta am Ast«) fallen lassen. Beim Tanz darf die Sekretärin dem Chef endlich vors Schienbein treten. Solch eine innere Befreiung reicht dann für ein ganzes Jahr. Untergebene können die Gunst der Stunde nutzen und ihrem Vorgesetzten im gemeinsamen Glühweinrausch das Du anbieten und gleich nachlegen: »Könntest du mal meine Zulage erhöhen?« Anlass für Kreativität bietet auch das Wichteln, das Verpacken kleiner Geschenke. Auf einer Betriebsfeier ist Gelegenheit, im Keller lagernde Vasen, Getöpfertes oder gut erhaltene Basteleien der Kinder wieder dem Geschenkekreislauf zuzuführen. Im Übrigen gibt es nichts Ergreifenderes, als wenn der Chef dann das Lied anstimmt: »Stihile Nacht«.

Kloromane

Na, liebe Leser, wo sitzen Sie bei der Lektüre dieser humoristischen Winzigkeit? Beim Frühstück? Von wegen! In der Straßenbahn? Pah! Gelogen! Im Büro? Am Samstag!? Seien Sie doch ehrlich: Sie gehören zu jener Gruppe von Männern, die laut einer aktuellen Studie der Gesellschaft für Konsumforschung auf der Toilette sitzen und lesen. Demnach vertreibt sich jeder zweite Mann die Zeit auf diesem Ort mit einer Lektüre. Bei den Frauen ist es nur jede Vierte. 47 Prozent der Toilettenleser studieren die Zeitung, während das Frühstück seinen letzten Gang antritt. Der Rest fügt Zeitungen, auch Bestellkataloge und Autozeitschriften geschmeidig in die Defäkation ein. Daneben gibt es auch noch das blühende und zu Unrecht schwach beachtete Genre der Toilettenlektüre. Das Romanfragment »Der Stuhl« beispielsweise vom Autorenduo Villeroy und Boch, die sublime Gedichtsammlung »Haufenweise« von Hans Grohe und der legendäre Sportroman »Pressing« von Jean François Bidet mögen als Beispiele genannt sein. Diese Werke entfalten erst im Ambiente der Toilette ihren abführenden Reiz. Und wer nach dem ersten Kapitel schon zum Toilettenpapier schielt, sollte halt nicht so viel Obst essen. Ach ja, und eins noch: waschen Sie sich am Ende dieses Textes bitte die Hände!

Mutter und Tier

Laut einer Studie legen 20 Prozent der Deutschen ihrer Schwiegermutter kein Geschenk unter den Weihnachtsbaum. Damit haben Schwiegermütter fast so häufig das Nachsehen wie Haustiere: Jenen machen 36 Prozent kein Weihnachtspräsent. Die Politik ist alarmiert. Bei den Koalitionsverhandlungen hat sich eine Unterarbeitsgruppe (Codename Hildegard) mit der Lage der Schwiegermütter und Haustiere befasst. Dabei wurde auch über die Schwiegermutterrente beziehungsweise das Betreuungsgeld für Familien gesprochen, die ihre Schwiegermütter zu Hause behalten oder ein Haustier im Urlaub nicht auf der Autobahn aussetzen. Die Wirtschaft protestiert und weist darauf hin, dass angesichts des Mangels an Fachkräften jede Schwiegermutter, die eine Schraube oder einen Lockenwickler eindrehen kann, dringend gebraucht wird. Ein Kompromiss sieht nun vor, jenen Angehörigen, die Schwiegermutter und Hamster beschenken, einen Einkaufsgutschein von Fressnapf zu gewähren. Die Kosten würden über die Rentenkasse abgerechnet. Wie viele Schwiegermütter und Haustiere es überhaupt gibt, ist aber nicht klar, da viele nicht artgerecht gehalten werden. In jedem Fall wird jetzt ein Stück Generationengerechtigkeit zwischen Mutter und Tier hergestellt.

Leitplankentest

Galt der Deutsche immer als Autofetischist, stellt sich jetzt heraus: Er hasst Autos. So sehr, dass er in den berühmten Umfragen des ADAC durch Enthaltung seinen Protest gegen den motorisierten Verkehr kundtat. Der Verkehrsklub musste diese Befragungen jahrzehntelang fälschen, um das Image der Deutschen als Autohasser zu mildern. Auch die europäischen Binnengewässer, einst arkadische Refugien, waren nie ein klarer Quell. Denn die gelben Helfer warfen die gebrauchten Autobatterien, die sie zuvor gegen neue ausgetauscht hatten, in jene Badeseen, die anschließend als unbedenklich bewertet wurden. Nun rückt eine Quecksilbergrube in Rumänien an die Spitze der europäischen Badekultur. Alle gesellschaftlichen Leitplanken der Nachkriegszeit müssen abmontiert werden: Markus Lanz ist doch angesehener als der Papst, der VW Tiguan schneidet im Crash-Test doch besser ab als Stefan Mappus, der Autohof Wörnitz wird doch nicht Weltkulturerbe. Allerdings: die Skalierbarkeit des Lebens, die hierarchische Ordnung von Ärzten, Autos, Politikern, Fußballspielern behält ihren Wert. Sie ist Verdienst des ADAC, der verhinderte, dass Vegetarier, Radfahrer und Frauenrechtlerinnen Schlüsselstellen in Politik und Gesellschaft erhalten. Beinahe hätte der Verkehrsclub auch Angela Merkel bei der Bundestagswahl die absolute Mehrheit beschert. Die Kanzlerin hätte nur 15 Autobatterien mehr verkaufen müssen.

Byzanz in Bayern

Bayern galt bisher als intakter Hort des Byzantinismus. Doch zeigt Alleinherrscher Seehofer Schwächen im Zeremoniell. Er verlor unlängst nach Genuss von sechs Maß Bier kurzfristig das Bewusstsein und konnte sich nach dem Aufwachen nicht mehr an die Details der geplanten Autobahnmaut erinnern. Zudem verzichtet er auf die sogenannte Proskynese, also auf das Gebot, sich bei seiner Annäherung zu Boden zu werfen. Der Grund: immer wieder waren CSU-Landräte, die auf der Straße herumlagen, von seinem Dienst-BMW überrollt worden. Menschlichkeit aber wird in Bayern sofort mit Machtverlust bestraft. Schon begehren die Unruheprovinzen Oberpfalz und Bayerisch Schwaben auf und können nur durch die Stiftung eines Tafelbilds für die örtliche Barockkirche oder eines Feuerlöschzugs beruhigt werden. Seehofers Herausforderer Söder gilt seit einem Bad im Abklingbecken des Atomkraftwerks Gundremmingen als unverwundbar und hat angekündigt, im Falle der Machtergreifung alle Eunuchen des Münchner Hofs auf der Theresienwiese enthaupten zu lassen. Seehofers Angst wird genährt durch Pläne, einen Flughafen nach ihm zu benennen – unter den Hofschranzen ein sicheres Indiz dafür, dass sein Sturz und seine Hinrichtung direkt bevorstehen.

Mokka und Mekka

Islamhass war in Deutschland bisher nahezu unbekannt. Schließlich ist der Muslim dem Deutschen durchaus ähnlich. Auch hierzulande wimmelt es von schlecht gelaunten bärtigen Männern, die zwischen Frauen und Giftschlangen keinen Unterschied sehen. Um der jetzt befürchteten Antiislamisierung entgegenzuwirken, ist dennoch jeder Deutsche angehalten, täglich einen Muslim zu packen und zu umarmen. Hinterher sollte man aber prüfen, ob der eigene Kopf noch richtig sitzt. Mehr noch: in der Schule steht das Leben des Propheten ab der neunten Klasse auf dem Lehrplan. Bilder zeigen ihn beim Nichtrasieren, Turban lüften und im Gespräch mit seiner treuen Kalaschnikow. Die Schüler sollen zwischen Mokka und Mekka sowie zwischen Medina und Pegida unterscheiden können. Auch die Politik muss sich der interreligiösen Versöhnung unterordnen. Die Energiewende wird rückgängig gemacht, weil deutsche Atomkraftwerke aussehen wie Moscheen, der bargeldlose Frauenhandel steht vor der Marktreife. Die Verschmelzung von Christentum und Islam ist vollzogen. Wer allerdings ein verwahrlostes altes Weib mit Kopftuch sieht und an sich drücken will, muss aufpassen: Es handelt sich nicht um eine Muslima, sondern um den französischen Schriftsteller Houellebecq.

Kinderlose

Wenn sich die Jugendorganisation einer Partei zu Wort meldet, beruht dies oft auf tiefschürfender Analyse. Man denke nur an die Initiative der Jungliberalen zur Befreiung der Cannabisraucher von der Mehrwertsteuer, die Forderung der Jungen Union in Bayern, griechische Rentner zum Bau von Umgehungsstromleitungen zu verpflichten, oder die Initiative der Jusos, den Kapitalismus rückwirkend zum 1. Juni 1953 abzuschaffen. Jetzt fordert die Junge Union eine Steuer für Kinderlose. Das ist sinnvoll, denn Kinderlose schlafen in den Tag hinein, beanspruchen riesige Altbauwohnungen und steigern den CO_2-Ausstoß durch die allabendliche Zubereitung sechsgängiger Menüs. Dennoch warnen Volkswirte vor den Folgen der Kinderlosensteuer. Sie begünstige die Flucht der Betroffenen in die Schweiz und nach Luxemburg, wo sie sich vor dem Zugriff der Behörden verstecken können. Zudem seien rechtliche Fragen ungeklärt: Soll der dokumentierte Versuch, den Zustand der Kinderlosigkeit zu beenden, steuermildernd gewertet werden? Rechtfertigen angeborene Allergien gegen Kindersekrete eine Verschonung? Und: soll der Erlös der Strafsteuer zum Bau einer Kriegsflotte oder eher zur Bankenrettung verwendet werden? Da wird es noch Debatten geben.

Kleine Länderkunde

In der Schweiz

Früher war die Schweiz ein einladendes und preisgünstiges Fleckchen Erde. Wer sie besuchen wollte, tankte in Deutschland, fuhr Sprit sparend im ersten Gang weiter und konnte für kaum 30 Euro noch an der Raststätte Gotthard Ost auf die Toilette gehen. Das hat sich geändert. Der deutsche Tourist hat, wenn er in die Schweiz einreist, im Schnitt 23 000 Euro in der Tasche, die er aber nicht vor dem Fiskus verstecken will. Er fährt in ein Zürcher Parkhaus (612 Euro), blickt auf die Alpen (88 Euro), isst eine Cervelatwurst (264 Euro) oder trinkt eine Ovomaltine für kaum 133 Euro. So weit so gut. Schwierig wird es, wenn Probleme beim Schweiz-Urlaub auftreten. Wenn der Hotelier beispielsweise Migräne hat, kostet das Einzelzimmer tausend Euro mehr pro Nacht. Hat der Tourist Migräne, verkauft ihm der Notapotheker eine original Schweizer Schmerztablette zum Nachttarif für 233 Euro und teilt sie gegen Aufpreis in vier Stücke. Nur im Skitourismus läuft alles normal. Wie früher tauscht der Besucher sein Auto gegen einen Wochen-Skipass und bettelt abends um Küchenabfälle. Allerdings: Leihskier, Rösti und Hüttengaudi können jetzt nur noch mit Gold und Geschmeide bezahlt oder im Tausch gegen zehn Jungfrauen am Jungfraujoch erworben werden.

Ueli und Egli

Die Schweiz gibt Rätsel auf – erst recht in ihrem Verhältnis zum Ausland. Um ein wenig mehr interkulturelles Verständnis zu wecken, erklären wir die wichtigsten Leitbegriffe unserer Nachbarn. Ueli, Ursli, Egli: Schutzheilige der Banken, die sich – um dem Gebot der absoluten Verschwiegenheit zu genügen – im 14. Jahrhundert freiwillig die Zunge herausschneiden ließen. Blocher: plötzlicher Verdauungsschmerz nach Genuss von Käsefondue, Bircher-Gekrümel oder Schweins-Cervelat. Geht oft mit einem Auswurf in Richtung der deutschen Grenze einher. Rösti: Kosename des männlichen Schweizers für sein Sturmgewehr. Rösti-Graben: Verteidigungslinien, mit denen die Invasion deutscher Gehirnchirurgen abgewehrt werden soll. Innerrhoden, Außerrhoden: legendäre Fachbereiche der Urologie im Kantonsspital Zürich, die Medizingeschichte schrieben. Solothurn und Winterthur: beliebte Comicserie für Kinder. Burkhalter: traditioneller Gehstock des bürgerlichen Schweizers, mit dem er deutsche Gehirnchirurgen aus der Tram prügelt. Dürrenmatt, Andermatt, Odermatt: fühlen sich viele Schweizer, weil sie so viel schaffen müssen. Engadin: verkürzte Version des Slogans Eng da drin, mit dem auf die Überfüllung der Schweiz aufmerksam gemacht wird.

Bahnsteigkarten

Unser Land ist zu Recht stolz auf seine kulturell-technische Tradition. Aus Deutschland kamen der Kant'sche Imperativ, der Leibniz-Butterkeks, der Kaffeefilter und die Bahnsteigkarte… Wie? Ja, natürlich. Die Bahnsteigkarte, auch Perronsperre genannt, stellt sicher, dass nicht jeder Dahergelaufene einfach auf dem Bahnhof herumlungern kann. Sie wird beim Betreten des Bahnsteigs gelocht und muss beim Verlassen an den Bahnsteigschaffner wieder abgegeben werden. In Pinneberg ist man stolz auf diese fast vergessene Tradition. Dort musste ein Flüchtlingspaar aus dem Irak 80 Euro Strafe zahlen, weil es ohne Bahnsteigkarte in einer Bahnhofsunterführung kontrolliert wurde. Da das Wort Bahnsteigkarte in keine andere Sprache der Welt übersetzt werden kann, waren Verwirrung und Scham bei den überführten Flüchtlingen groß. Die Bundesregierung erwägt nun, mehrere Hunderttausend Karten in die Krisenregion zu schicken, um Peschmerga, IS-Terroristen, Mullahs und Dschihadisten mit den Grundzügen eines geordneten und zivilisierten Miteinanders vertraut zu machen. In einem zweiten Schritt werde man auch die dazugehörigen Unterführungen bauen, heißt es. Dass Bahnhofsbesucher mit ungelochter Karte erschossen werden, ist aber nur ein Gerücht.

Toskanahäuser

Sie wundern sich über den fratzenhaften Wasserspeier am Neubau ihrer Nachbarn? Über die Tiefgarage in Form der Blauen Grotte? Nun, das sind so einige der Trends im Hausbau. Sie werden aber überragt vom Trend zum Toskanahaus. Das Toskanahaus gilt als Inbegriff südländischen Flairs und zeichnet sich durch Säulen, Erker und Walmdächer aus. Laut einem Zeitungsbericht ist halb Bayern mittlerweile mit Toskanahäusern zugebaut. In den Gärten stehen Betonzypressen und Terrakottavasen aus China. Trotz des Lärms der nahen Bundesstraße sitzen Toskanahaus-Besitzer jeden Abend im Freien und trinken ein Glas Prosecco. Doch jetzt droht Konkurrenz: Der Marzahn-Stil setzt auf eine lässige Fassadenverwahrlosung; der Alpen-Flick-Stil, benannt nach dem Milliardär, baut Bauernhöfe zu Festungen mit neonbeleuchteten Herrgottsschnitzereien und Hubschrauberlandeplatz um. Der Kandahar-Stil zeichnet sich durch stacheldrahtbewehrte Portale, Schlafzimmer mit Hochbetten und einer extra Müffelzone aus. In der Toskana dagegen wird der Toskanastil in der Krise immer mehr durch den Monti-Stil ersetzt: Von der Decke tropft eiskaltes Wasser und die Böden sind mit dicken Gumminoppen besetzt, um ein Abrutschen in die Armut zu verhindern.

Kernspalter

Völker gibt's, die gibt's gar nicht oder nicht mehr lange. Kundschafter eines Indianerstamms, der im Urwald Brasiliens lebt und noch nie in Kontakt zur Zivilisation getreten ist, haben eine sensationelle Entdeckung gemacht: einen fremden Stamm. Laut den Analysen wirtschaftsweiser Medizinmänner leben diese humanoiden Zweibeiner unter ausgesprochen primitiven Bedingungen. Sie gewinnen ihre Energie, indem sie Kerne spalten und Erdinnereien verbrennen. Damit treiben sie rollende Blechdosen an, die sie an Orte in sinnlos weiter Ferne bringen. Dort sitzen die Kernspalter in ihren schamhaften Beinkleidern herum und starren auf flimmernde Scheiben, bis irgendwann die Sonne verschwunden ist. Laut den Kundschaftern ist diese Spezies sehr bemüht, sich den modernen Lebensbedingungen im Urwald anzupassen. Dschungelcamps, wo das Verspeisen von Heuschrecken und der Beischlaf mit Kakerlaken geübt werden, zeugen jedoch von ihrer zurückgebliebenen Kultur. Leider ist das nette Völkchen nicht nur deshalb bedroht. Auch das Abholzen des Regenwalds macht ihm seit einiger Zeit zu schaffen. Führende Wetterschamanen erwarten, dass die daraus resultierenden Naturkatastrophen ihr letztes Dschungelcamp zum Verschwinden bringen werden.

Hausordnung!

Wer bringt den Müll runter? Ist die Toilette geputzt? Wer kauft ein? Ein Mehr-Personen-Haushalt birgt viel Abstimmungsbedarf. Wie kompliziert das bei einem EU-Haushalt von 140 Milliarden Euro ist, über den sich 27 Länder einigen müssen, kann man sich vorstellen. Da wäre zum einen das romantische Verhältnis der Südländer zur stilvollen Verwahrlosung. Schulden, verdreckte Strände oder verfallene Mautstationen werden in blaue Plastiktüten verpackt und vor die Tür geworfen. Die Nordstaaten dagegen haben ein Abo beim Friseur und nötigen jeden Mitbewohner zu einem allmonatlichen Haircut. Sie trennen den Müll bis in den Nanobereich hinein und stecken das Haushaltsbuch in eine Klarsichthülle. Ihre Hausordnung garantiert jedem Bewohner Freiheit, Recht und Sicherheit, erinnert aber zugleich an die Pflicht zur Kohäsion und Ordnung. Kurz: wer verschimmelte Frikadellen im Kühlschrank liegen lässt oder auf dem Klo die »Bild« liest, kriegt was auf die Mütze! In Brüssel lasen die Südländer stundenlang auf dem Klo ihre Kontoauszüge. Immerhin stimmten sie danach einer Belüftungsverordnung zu, die das Lagern von faulen Krediten im Flur untersagt. Man ist also auf gutem Weg. Wenn sich alle ein wenig zusammenreißen.

Weißer Michel

Der deutsche Tourist schämt sich über seinen Landsmann im Ausland in überdurchschnittlich hohem Maße. Laut einer Umfrage des Marktforschungsinstituts Innofact finden zwei Drittel der Befragten das Auftreten anderer Deutscher peinlich. Besonders missfallen uns an unseren Landsleuten übrigens die schlechten Manieren sowie unmögliche Bekleidung. Bei den Österreichern und Schweizern liegen die Vergleichswerte wesentlich niedriger, zum Teil um die Hälfte. Die Bewohner der Alpenstaaten finden es im Großen und Ganzen in Ordnung, wie sie sich in fernen Urlaubsgebieten verhalten, ob sie da auf Tischen tanzen, jodeln oder mit der Peitsche knallen, ist ihnen gleichgültig und ihr Outfit auch. Das wirft schon die Frage auf, warum andere Nationen mit sich so im Reinen sind und wir nicht. In der Kleiderfrage lässt es sich vielleicht klären: Es ist zu vermuten, dass ein Eidgenosse oder ein Österreicher ein unbekümmertes Verhältnis zu seinem traditionellen Gewand hat, ob nun Lederhose und Dirndl, egal ob in Rimini oder am Bodensee getragen. Bei uns in Deutschland aber hat sich eine Nationaltracht nie herausgeschält. Sie müsste noch erfunden werden, hätte die Grundfarbe weiß, bestünde aus Schlafmütze, weißen Socken und Sandalen, der Rest wird sich finden.

Lord mit BH

Dass britische Oberhaus ist ein verlässlicher Hort des Skandals und der Tradition. Zuletzt verlor Lord Sewel seinen Sitz in dieser Parlamentskammer, weil er in einem im Internet kursierenden Video weißes Pulver von der Brust einer nackten Frau schnupfte und dabei einen orangefarbenen BH trug. In einem Land, das Pasteten aus Schweinetalg und Schafsinnereien produziert, Hunden beim Rennen zusieht und Milch in schwarzen Tee schüttet, ist das zunächst kein ungewöhnlicher Vorgang. Allerdings: die Vorliebe des adeligen Familienvaters für signalfarbene Damenunterwäsche muss in einem Milieu auffallen, das bei erotischen Eskapaden bisher Uniformen der Waffen-SS oder Taucheranzüge bevorzugt hat. Lord Sewels Interpretation britischer Lebensart hat dem House of Lords einerseits neue Vitalität eingehaucht. Die Kluft zum technokratischen Europa aber wird größer. Dort sind Farbe und Form der Unterwäsche von politischen Funktionsträgern in einer Richtlinie der Kommission festgelegt und der Konsum von weißem Pulver nur in Verhandlungen mit griechischen Delegationen erlaubt. Damit driftet das Königreich erotisch und politisch immer weiter vom Kontinent weg. Wenn demnächst der Union Jack über dem Parlament in London durch einen orangefarbenen Damenslip ersetzt wird, ist die Trennung endgültig vollzogen.

Kim wählen

Wie man eine Demokratie mit Leben erfüllt, zeigt uns Nordkorea. Zwei Tage nach der Parlamentswahl wurden die 687 Kandidaten mit jeweils 100 Prozent Zustimmung in die Oberste Volksversammlung gewählt. Ergebnisse, die auch den Westen staunen lassen. Dabei ist längst bekannt, dass Pjöngjangs Politiker mit nie erlahmender Leidensfähigkeit die Wälder, verlassenen Dörfer und ausgebrannten Reisfelder ihrer Wahlkreise besuchen. Sie fühlen dort den Puls des Wählers – falls er noch vorhanden ist – und diskutieren leidenschaftlich mit sich selbst. Hilfsprogramme lassen auch entlegene Provinzen wirtschaftlich und kulturell aufblühen. Städte und Gemeinden konnten sich dank der Gelder aus der Hauptstadt Gymnastikmatten für den Tag der Volksgesundheit, neue Folterinstrumente für ihre Folkloreorchester oder einen Raketentest leisten. Wie geht es jetzt weiter? Nachdem das letzte Kabinett Kim Jong-uns spurlos verschwand, wird nicht mit einer Koalitionsregierung gerechnet. Kim selbst gilt als politisch angeschlagen, weil die Wahlbeteiligung nur bei 99,7 Prozent lag. Er werde nicht ruhen, bis diese Zahl auf 122 Prozent steigt, hieß es. Bis dahin werde er seine Richtlinienkompetenz auch mit der Schusswaffe durchsetzen.

L'ux al-Burtsch

Man unterscheidet ja zwischen Grundwasser-Oasen und Flusswasser-Oasen. Beides sind Inseln des Wohllebens in einer dürren, von Neid und Missgunst geprägten Umgebung. In der kühlen Oasen-Karawanserei trinken die Besucher ein Glas Tee, kraulen ihren Kamelen den Rücken und führen einander die neuesten Steuertricks vor. Luxemburg (L'ux al-Burtsch) gilt als eine der schönsten Fluss-Oasen Europas. Beherrscht wurde sie lange von einem väterlichen Emir, in dessen Umhang noch bis vor Kurzem das Kapital der Welt seine Gewinne verbergen konnte. Jean-Claude Juncker, besser bekannt unter dem Namen al-Kuffra (»der das Wasser umleitet«), empfing zwischen goldenen Dattelpalmen die Kameltreiber des Großkapitals (al-Amazon, ibn-Pepsi, saf al-Eon). Ihre Kamele waren beladen mit Jungfrauen, Öl und Aspirintabletten. Im Price Waterhouse, dem Sitz des Emirs, wurden die Gaben abgegeben, dann zogen die Karawanen weiter und drehten den hinter der Grenze wartenden Steuereintreibern eine lange Nase. Doch das Paradies hat ein Verfallsdatum. Der internationale Klimawandel trocknet die luxemburgische Oase aus. Schlimmstenfalls müssen die Wüstensöhne von L'ux al-Burtsch wieder arbeiten. Dann wird das Oasenleben richtig trocken.

Beaujolais

Wenn China trinkt, guckt die Welt in ein leeres Glas, sagt ein Sprichwort aus dem Reich der Mitte. Offenbar hat die Weltgemeinschaft bisher nicht bedacht, dass alle Chinesen regelmäßig essen und trinken wollen und für die anderen dann nichts mehr da ist. Der Zufall gebiert nun eine Lösung: Ein Politbüromitglied griff im Smog Pekings versehentlich zu einer Flasche Beaujolais Nouveau und fand Gefallen an dem cremigen Charakter der Frühlese. Das Zentralkomitee leitete daraufhin die »Politik des schweren Kopfs« ein. Ziel: den Durst des Volkes mit Beaujolais zu stillen. Medien meldeten, dass erste Transportflugzeuge 2 000 Tonnen Beaujolais Nouveau von Paris nach Asien transportierten. Das reicht natürlich nicht. Deshalb hat Frankreich neue Anbauflächen ausgewiesen. Als Spitzenlagen gelten Industriebrachen in den Pariser Vororten, eine stillgelegte lothringische Kohlengrube und ein altes Michelin-Reifenwerk. Die Gebiete werden als »Beaujolais Exterieur Classé« eingestuft. Unklar ist allerdings, was passiert, wenn jeder Chinese im Herbst einen schweren Kopf hat und andauernd rülpsen muss. Die Anrainerstaaten wehren sich gegen diese Belastung und haben bereits Kriegsschiffe in die Gewässer vor China entsandt.

Feta-Erstschlag

Immer wieder wird der Aufbau einer europäischen Armee gefordert. Nur so kämen die bellizistischen Kulturen des Kontinents zur Blüte. Ein Beispiel sei Österreich mit seiner Tradition der Vermählung von Kampfkraft und Kulinarik. Der Einsatz von Mozartkugeln schuf erst die Voraussetzung für die militärische Expansion der Habsburger. Die Deutschen wiederum haben noch alle Aufmarschpläne im Schrank, während die italienischen Armeeführer auch dem gemeinsten Scharmützel opernhafte Züge verleihen. Zum Problem könnte werden, dass Frankreich vor jedem abgegebenen Schuss um Erlaubnis gefragt werden will. Außerdem besteht Paris darauf, dass alle Operationen französische Vornamen tragen müssen. Eine Panzeroffensive Genevieve stößt aber auf Widerstand bei Traditionalisten. Die Kampfkraft der Euro-Arme wäre also schwach, gäbe es nicht die Griechen, die über eine der effektivsten Massenvernichtungswaffen verfügen – den Griechensalat. Mit Zwiebeln und Oliven munitioniert löscht er im Umkreis eines Restaurants jedes menschliche Leben aus. Die Regierungen Russlands und Nordkoreas haben bereits um die Aufnahme von Friedensgesprächen gebeten, bevor es zu einem Feta-Erstschlag kommt.

Pallawatsch

Spionage überall. Offenbar haben die USA jahrelang auch die Republik Österreich ausgespäht. Es ging um die Entschlüsselung von Codewörtern wie Pallawatsch, Fogosch, Summoning oder Patzak, hinter denen kommunistische, islamistische oder allgemeine antiamerikanische Umtriebe vermutet wurden. Die US-Agenten waren in Wien, am Neusiedler See und in Vorarlberg unterwegs, mischten sich unter Trachtenkapellen, tranken beim Heurigen hektoliterweise sauren Wein, hockten im Schnürboden der Staatsoper und dösten in Kaffeehäusern vor sich hin. Alles umsonst: maulfaule Kellner, xenophobe Jungbauern, arrogante Hof-Bürokraten und wahnsinnige Theaterregisseure bestraften die unbeholfenen US-Spione mit einer in Jahrhunderten geschulten Arroganz und Wurschtigkeit. Als die Agenten das Suchwort Johann Lafer in ihre Computer eingaben, kam es zur Katastrophe: Ein einziges Bild des steirischen Kochs schluckt fünf Megabyte, grinsend das Doppelte, mit WMF-Besteck kommen noch mal 13 MB drauf. Im Internet finden sich geschätzt 344 Billionen Lafer-Aufnahmen und Videos. Das erstellte Bewegungsprofil ließ binnen Sekunden alle Datenspeicher der NSA wegen Überhitzung in Flammen aufgehen. Österreich bleibt damit so geheimnisvoll wie zuvor.

IS – next door

Die Debatte über das Internetportal Airbnb schärft den Blick für das Problem der Vermietung privater Wohnungen an ausländische Touristen. Kritiker verweisen auf Trinkgelage, Kochen am offenen Feuer und überschwere Rollkoffer, deren Abrollgeräusch den Pegel eines startenden Billigfliegers erreicht. Dabei ist die Vermietung von Privatwohnungen kein Problem, wenn man einige Regeln beachtet. Chinesen beispielsweise fühlen sich in geräumigen Altbauten verloren. Sie sollten in Mehrbettzimmern mit bis zu 34 Menschen auf vier Quadratmeter gestapelt werden. Das gleichzeitige Umdrehen in engen Schlafkojen ist ihnen vertraut. Russen müssen mit dem deutschen Pfandflaschen-System vertraut gemacht werden, Südamerikaner bekommen Schuhe mit einem Antisamba-Belag. Musikinstrumente im Gepäck von Ausländern lassen sich übrigens mit einem Schraubenzieher und etwas Gießharz unbrauchbar machen. Dennoch bleibt die Privatvermietung ein Risiko. Eine genaue Leibesvisitation der Besucher ist unerlässlich – die meisten Zugereisten kennen diese Prozedur aus ihrer Heimat. Wer auf Nummer sicher gehen will, besorgt sich beim Grundbesitzerverband Schilder mit einem durchkreuzten Maschinengewehr und der Aufschrift »IS next door!«

Haschtak

Die türkische Regierung sagt den sozialen Netzwerken den Kampf an. Dieser Kulturkrieg wird darüber entscheiden, ob die Türkei Mitglied der zivilisierten Völkerfamilie bleibt oder der Anarchie des Internets anheimfällt. Die Polizei bereitet sich intensiv vor. Die Beamten lernen, was ein Tweet ist, wie man ihn einfängt, verhört und bei unbotmäßigem Verhalten mit drei, vier Schlägen des Gummiknüppels zur Ruhe bringt. Erste Spuren sind bereits im Stadtbild zu sehen. An den Schauplätzen von Demonstrationen liegen viele Twitter-Meldungen, die von den Sicherheitskräften eingefangen und zertreten wurden. Klimaexperten glauben, dass auch die Luft in Istanbul besser wird, wenn jene Twitterwolken vom Himmel verschwinden, die verhinderten, dass das helle Licht der Sonne auf die Großbaustellen des Osmanischen Imperiums strahlt. Der Kampf gegen Twitter hat in der Türkei eine uralte Tradition. Das Twitter-Wort Hashtag geht zurück auf den türkischen Haschtak, womit ein Schurke, Kinderschänder oder Verbrecher benannt wird. Wer einen Haschtak schützt, zu Hause versteckt oder mit Nahrungsmitteln versorgt, musste schon zu Zeiten Suleimans des Prächtigen schwere Körperstrafen erleiden. Nun ist die Zeit der Haschtaks endgültig abgelaufen.

Requiem für Dinos

Berufszuschauer

Der Fernsehsender RTL hat eingeräumt, dass er Komparsen beschäftigt, um an Werktagen die leeren Zuschauerränge in der Show »Das Supertalent« zu füllen. So ein Kleindarsteller erhält angeblich eine Gage von 30 Euro fürs Platznehmen im Studio. Auch Klatschen, Johlen und Schenkelklopfen sind damit abgegolten. Der Job des Berufszuschauers ist anstrengend, hat aber Perspektiven. Wer darin eine Ausbildung machen möchte, sollte ein Talent für stoisches Grinsen und alberne Begeisterungsstürme mitbringen, die echt rüberkommen. Zu den Aufstiegschancen gehört ein Platz in der ersten Reihe.

Wer sich für eine politische Sendung bewirbt, muss zumindest ansatzweise in der Lage sein, ein schlaues Gesicht zu machen. Während der Aufzeichnung einzuschlafen, könnte das berufliche Aus bedeuten. Wegen der wachsenden Ödnis der Fernsehshows droht ein Fachkräftemangel – der Zuschauernotstand. Man wird versuchen, die Studios mit Bufdis – Bundesfreiwilligendienstlern – zu füllen oder ehrenamtliche Mitarbeiter des THW zu schicken, wenn die nicht gerade bei der Oderflut sind. Hilft das alles nichts, dann werden die Sender den Job des Show-Guckens eines Tages auslagern und ihn in Heimarbeit am Bildschirm erledigen lassen. Beim Krabbenpulen geht das auch ganz gut.

Mozart-Requiem

Seit 1993 halten werdende Mütter Lautsprecher an ihren Bauch. Damals hatten amerikanische Psychologen festgestellt, dass klassische Musik sich positiv auf den Intelligenzquotienten des Hörers auswirkt. Vor allem Mozart. Man nannte das Mozart-Effekt. Millionen von Embryos mussten seither unentwegt Mozart hören, Milliarden von Säuglingen wurden mit Mozartkugeln gestopft. »Don Giovanni«, »Figaros Hochzeit«, »Rock me Amadeus«. Kinder knieten vor Mozartbüsten und knödelten Textteile aus »Bona nox« (»Gute Nacht, gute Nacht, scheiß ins Bett, dass' kracht«), erduldeten in Endlosschleifen Musikspieldosenmusik (Kleine Nachtmusik, Menuett, Zauberflöte), tirilierten die bis heute von Wissenschaftlern erwiesenen 150 Todesursachen Mozarts zur Melodie der Königin der Nacht, rezitierten die 200 Städte der Europäischen Mozartwege rückwärts, während sie mehrstimmig aus dem letzten Loch pfiffen wie Papageno. Und jetzt das: die amerikanischen Psychologen logen, also sie lagen: nämlich falsch. Mozart bringt nichts. Stattdessen sind jetzt zur Intelligenzförderung Omega-3-Fettsäuren angesagt und interaktives Vorlesen. Leute, gebt Euren Kindern Leinöl zum Saufen, schnell! Und lest ihnen vor. Vielleicht das Köchelverzeichnis. Muss ja noch wo rumliegen.

Leben wie Uschi

Erste TV-Auftritte mit drei Jahren, Chinesisch an der Grundschule gelernt, parallel Bibellesungen für sozialgeschädigte Jugendliche veranstaltet. Gymnasium in sechs Jahren absolviert, mehrere Auszeichnungen für Deutschaufsätze (»Silben und Silberdisteln: warum ich Eichendorffs Waldmädchen im Schulranzen habe«). Bis zum Alter von 22 Jahren nie Alkohol getrunken, nach der Schule als Au-pair ins Ausland, Studium der Rechtswissenschaft, Medizin, Philosophie und Betriebswirtschaft an den Universitäten Göttingen, Paris, Harvard, Shanghai und Cuernavaca. Daneben Lehre als Komödienkracher. Praktika bei internationalen Banken, Kanzleien und Hebammenpraxen. Völlige sexuelle Enthaltsamkeit. Sonderpreis für den bestgeführten Terminkalender ihres Jahrgangs. In rascher Folge Kinder geboren, aufgezogen und nach den Grundsätzen der modernen Pädagogik gefördert, dabei aber nie die Tradition einer wertorientierten Erziehung über Bord geworfen. Wovon wir reden? Nun, wir skizzieren kursorisch den Lebenslauf der Schauspielerin Uschi Glas. Sie war in die Kritik geraten, weil sie gesagt hatte, in Ostdeutschland gebe es keine qualifizierten Menschen. Ja, da muss man sich halt ranhalten. Ein Lebenslauf kommt nicht von allein. Das müssen auch die Ossis lernen.

King Wallraff

Günter Wallraff gilt als Legende des Investigativ-Journalismus. Zuletzt schlüpfte er für eine Under-cover-Reportage in die Rolle eines Double Chili Cheeseburger und trainierte das Liegen in scharfer Soße in seiner mit Aceton gefüllten Badewanne. Er habe wie ein Burger gefühlt und gedacht, so Wallraff. Er ließ sich anbraten, harrte wochenlang in einer stickigen Pappschachtel aus und glättete seine gerunzelte Stirn mit Maasdamer-Käse. Obwohl er sich selbst das Etikett »Haltbar nur bis Kriegsende« angeklebt hatte, gelangte er in den Verkauf. Erst als ein kleines Mädchen in Wallraff hineinbeißen wollte, ließ er seine falsche Identität auffliegen. Tatsächlich sind die Zustände bei Burger King skandalös: So stammt das dort verkaufte Fleisch ursprünglich von lebenden Tieren. Das Unternehmen beteuert, davon nichts gewusst zu haben, doch wer will das glauben? Zudem enthalten Tomatenstücke noch Spuren von Vitaminen. »Das werden sich die Kunden nicht bieten lassen«, vermuten Experten. Klar ist auch: die Burger-King-Produkte machen süchtig. Viele Kinder können nachts nur noch einschlafen, wen sie mit einem Salatblatt zugedeckt werden. Wallraff rastet derweil nicht: Er wird sich demnächst als Negativzins verkleiden, um über die infamen Praktiken der Banken zu berichten.

Abgasröhricht

Der Lyriker Jan Wagner gilt seit seinem Preis bei der Leipziger Buchmesse als vielversprechende Stimme der deutschen Poesie. Die Auszeichnung war mit 15 000 Euro dotiert, was die Frage aufwirft, wie lange ein deutscher Dichter davon leben kann. Bekanntlich gehören Lyriker zu den anspruchslosesten Lebewesen der heimischen Fauna. Sie können ihren Energieumsatz auf den einer Eidechse im Winterschlaf senken, monatelang vor sich hindämmern und herabfallenden Wassertropfen zusehen. Ab und an zuckt ihr Nasenflügel. Sonst herrscht Ruhe. 15 000 Euro halten diesen Lebensstil 23 Jahre lang aufrecht, weißes Papier und Stifte mit eingerechnet. In diesem Zustand wird ein Staubkorn zum Universum, das Fiepen einer Amsel zur Sinfonie. Alle drei, vier Jahre wacht der Lyriker auf und schreibt blitzschnell 30 bis 40 Gedichte. Jan Wagner hat seine Klause nur verlassen, um Hühnersuppenvorrat für zehn Jahre zu kaufen. Kenner befürchten, dass er wegen seines obszönen Reichtums jetzt sprachlich verroht. Er wolle sich einen Gebrauchtwagen kaufen, hieß es, und diesen besingen. Erste Zitate geistern durch die Feuilletons: »Ich hob den Deckel und blickte ins Vergasermysterium. Der Anlasser lockte, und der Gesang des Abgasröhrichts dunkelte.« Wenn das nicht besser wird, muss man ihm das Geld wieder abnehmen.

Diät fürs Auto

Wie das Bistum Trier mitteilte, haben sich schon 2 000 Bürger für eine Teilnahme am Autofasten angemeldet – 300 mehr als im vergangenen Jahr. Das Autofasten wird zum Renner, denn unsere Autos werden fetter, im Hubraum und an den Hüften. Auch das Handyfasten soll es übrigens schon geben. Unsere Smartphones werden ebenfalls voluminöser. Aber zurück zu unseren aufgedunsenen Pkws: einen neuen Polo verwechseln viele mit einem alten Golf. Wie der Autobesitzer seinen Wagen Verzicht üben lässt, das bleibt ihm überlassen. Er kann ihn in der Garage einsperren oder aus dem Halteverbot abschleppen lassen – eine Radikalkur. Er kann den Luftdruck senken oder es auf Diätkost setzen. Sei es auf ein mageres Benzin-Luftgemisch, Rapsöl oder E50. Das kommt dem Heilfasten nach Buchinger sehr ähnlich, auch eine reine Trinkkur auf Basis von Gemüsebrühe. Auf jeden Fall ist Autofasten aus psychologischer Sicht als Übersprungshandlung zu betrachten: Ein Mensch ringt mit sich, will im Prinzip vor Ostern auf Genüsse verzichten, bringt es aber nicht fertig und tut etwas anderes: Er lässt den Wagen entschlacken. Der einzige Leidtragende ist – der Verkehrsminister. Radikales Autofasten wirkt auf die Mauteinnahmen wie Rizinusöl auf den Verdauungstrakt.

Vampirologie

Das ist erfreulich: Die deutschen Verlage bringen so ungefähr zwei Milliarden Neuerscheinungen pro Jahr auf den Markt, viele mit mindestens 130 Seiten und einem bunten Einband. Die Autoren setzen auf bewährte Themen wie Liebesversklavung, Vampirologie, Wanderhurerei und Menopausen-Dramatik. Ein Ende des Aufwärtstrends ist nicht abzusehen, denn bald wird jeder Deutsche seine Bücher selbst schreiben. Die Industrie arbeitet an Systemen, die die Schriftstellerei weitgehend automatisieren (automotive writing). Solche Assistenzsysteme machen es möglich, sich gemütlich mit einem Buch aufs Sofa zu legen, während das neue Buch bereits verfasst wird. Allerdings ist die Lage in anderen Ländern kritischer. In Finnland beispielsweise steckt die Schriftstellerei noch in den Kinderschuhen. Finnische Bücher haben im Schnitt mindestens 45 Seiten weniger als deutsche und oft große Leerstellen, weil den Autoren in ihrer Einöde nichts einfällt. Mehrere Hunderttausend finnische Schriftsteller wollen sich jetzt bei uns zum Pferdeflüsterer oder Scholl-Latour ausbilden lassen. In der Bevölkerung regt sich Widerstand – die Finnen nähmen uns die Themen weg, heißt es. Wanderhuren und flüchtige Hundertjährige seien kaum noch aufzutreiben.

Die Drehbühne

Ein Theater ohne Drehbühne ist wie ein Bier ohne Schaum, heißt es unter Intendanten. Das stimmt: Wenn der Regisseur sein kreatives Feuerwerk verschossen hat, wenn alle Schauspieler nackt und bloß auf der Bühne stehen, wenn Selbstbefriedigung, Folter, Missbrauch ausgekostet, wenn Arsch, Prostata und Brust vermessen und besungen sind, wenn sechsstündige Monologe verröcheln, dann hilft nur noch jener ehrfurchtheischende Apparat, der das Weltendrama in die zirkuläre Bewegung zwingt: die Drehbühne. Faust, der eben noch links stand, steht nun rechts, Robespierre fährt rückwärts, Ibsen grüßt Strindberg im Vorbeifahren, Horvath wird es schwindlig, Brecht und Tabori kommen immer wieder, es geht linksherum und rechtsherum, es knirscht das Getriebe, der Dieselmotor brummt, die Zuschauer stöhnen. Zur theatralischen Vollendung kommt die Drehbühne, wenn sie mit dem Bühnenaufzug kombiniert wird, der Schauspieler wie Spargel aus dem Boden schießen lässt, bevor sie ebenfalls in die Umlaufbahn der Drehbühne einschwenken. Regisseure, Autoren und Dramaturgen kommen und gehen. Doch wenn sich alle entleert und entliebt haben, rotiert die Theater-Drehbühne weiter. Nur nicht in Stuttgart. Dort ist sie kaputt.

Dinos im Film

Das Genre des Dinosaurierfilms ist aus dem modernen Kino nicht mehr wegzudenken. Neben dem Vampirfilm, dem Mantel-und-Degen-Film und dem Sandalenfilm ist der Saurierfilm eine Ikone der westlichen Kultur. Kinder wachsen heute mit Saurierbildern auf und können tausend Dinos anhand der Knochenplatten und der oberen Zahnreihe auseinanderhalten. Saurier sind ihnen vertrauter als die eigenen Eltern, die den ganzen Tag im Büro schuften. Skelettfunde belegen, dass bereits vor Millionen Jahren Dinosaurierfilme gedreht wurden. Das Genre starb allerdings aus, weil viele Kinos vom Publikum versehentlich niedergetrampelt wurden. Heutige Saurierfilme bieten ein fein gezeichnetes Charakter-Portfolio: den Tyrannosaurus – ein diabolischer Schurke, oft als Börsenspekulant oder schwarzer Ritter dargestellt. Coelophysidae: intrigante Medea mit schwarz lackierten Handkrallen, die ihre Liebhaber auffisst. Ornithomimosaurius: früher Vogel Strauß mit parzivaleskem Gemüt, der in jeder Felsspalte das Gute sucht. Brachiosaurus: tonnenschwerer Mittelschicht-Dino, der nach dem Tod seiner Frau Amok läuft. Stegosaurus: Hilfssaurier mit kleinem Gehirn. Spielt meist einen Warenhausdetektiv oder stirbt in Massenszenen. Fortsetzung folgt.

Satire

Auch die Autoren dieses Buchs müssen sich immer wieder mit der Frage befassen: Was darf Satire? Und was darf sie nicht? Deutschland hat sich dieser Frage schon früh angenommen und die Pflichten und Rechte der Satire im Bundesgesetzblatt unter dem Titel »Zweck, formale Ausrichtung und Betriebserlaubnis beißend ironischer oder flamboyant-aphoristischer Meinungskundgebungen unter Berücksichtigung des natürlichen religiösen Scherzempfindens in einer weitgehend säkularen Gesellschaft« genau justiert. Grundsätzlich gilt damit, dass Satire alles darf, was nicht gegen das Versammlungsverbot, das Erneuerbare-Energien-Gesetz oder die Tierseuchen-Einfuhrverordnung verstößt. Tabu sind damit Witze über Politik, Religion, Sport, Mode, Sex, das Wetter und die Benzinpreise. Seit das juristisch geklärt ist, hat die Satire in Deutschland eine nie dagewesene Schlagkraft entwickelt. Länder wie Albanien oder der Sudan beneideten uns um Aphoristiker-Legenden wie Herbert Wehner, Udo Lattek oder Karl Moik, die mit funkelnden Sottisen das Feuilleton belebten. Doch was passiert, nachdem diese Flatterzungen verstummt sind? Vermutlich müssen dann Buchseiten wie diese mit Beton gefüllt werden.

Schneller, höher, weiter

Petaflop

Deutschland ist erneut mit zwei Rechenanlagen in der Spitzenliga der schnellsten Computer vertreten. Der Superrechner Juqeen in Jülich kommt mit einer Rechenleistung von 4,1 Petaflops (Billiarden Rechenschritte) pro Sekunde auf den fünften Platz der Top 500. Auf Platz sechs rangiert der SuperMuc in München mit einer Spitzenleistung von 2,8 Petaflops. Natürlich erreichen diese Rechner ihr Tempo nur auf einer trockenen Straße ohne Baustellen. Die Einsatzmöglichkeiten aber sind schier unbegrenzt. Sie ermitteln aus fünf Milliarden Varianten den idealen Freistoßtrick, »liken« drei Millionen Facebook-Freunde gleichzeitig und sprengen sich bei Erreichen der Altersgrenze ohne Murren selbst in die Luft. Wenn solche Rechner demnächst überall verkauft werden, sind auch komplizierte Operationen wie die Rabattberechnung beim Kauf von zwei Kaffeemaschinen und gleichzeitiger Einreichung eines Geschenkgutscheins ein Kinderspiel. Die Arbeitszeit der Beschäftigten im Einzelhandel verringert sich dadurch um die Hälfte. Auch Zeitungen erkennen algorithmisch schon morgens, ob es sich lohnt, eine Ausgabe zu produzieren. Die neu gewonnene Freizeit können Verkäuferinnen und Journalisten bei Geschicklichkeitsspielen wie Petaflop nutzen.

Krisen-Kracher

Die zivile Form des totalen Kriegs ist das Feuerwerk. Deshalb werden die Deutschen auch in diesem Jahr wieder eine Rekordsumme in den Himmel jagen, was gerade in Krisenzeiten ein wohltuendes Zeichen ist. Optimismus verschießt man heute mit einer großkalibrigen Kometenschussanlage samt Knisterschweifaufstieg oder einer Fontänenbatterie auf Bengalbasis mit finalisierender Titanfontäne. In der Türkei erfreut sich das 16-schüssige Patriot-Paket von Lidl großer Beliebtheit. Wer aber ein echtes Krisenfeuerwerk entfesseln will, greift zum Bunkerknacker Roma eterna, der mit einem Magnesium-Blitz alle italienischen Privatsender ausschaltet oder zum spanischen Luftpfeifer, der direkt in Madrid gezündet wird und dort stinkende Durchhalteparolen von sich gibt. In Deutschland erzeugt die Kreuth-Bombette, wenn sie mit Hefeweißbier in Berührung kommt, ein rhetorisches Donnergrollen, das in ein nervöses, aber folgenloses Irrlichtern übergeht. Sorgen bereitet aber der Grieche. Gerüchten zufolge will er sein gesamtes Arsenal an Rettungsschirmen zünden und brennend auf Mitteleuropa niederregnen lassen. Wohl dem, der dann noch einen Kanonenschlag mit extra langer Brenndauer und Troika-Bums hat, den er zurückwerfen kann.

Vision

Die Deutschen waren schon immer Visionäre. Die klassenlose Gesellschaft, das Waldsterben, der Rasenkantenschneider und die »Bild«-Zeitung – alle diese Dinge entstanden, weil Menschen mit ihrem freien Nachmittag nichts anzufangen wussten und von bis dahin nicht für möglich gehaltenen Wahnvorstellungen heimgesucht werden. Die Vision hat in Deutschland seitdem einen festen Platz. Ein Mittelständler ohne Vision ist undenkbar, jeder Handwerksbetrieb trägt die Vision eines Landes, in dem Milch, Honig und Abwasser fließen, im Herzen und im Firmenwappen. Leider bröckelt diese Tradition. Laut einer aktuellen Studie fehlt in mehr als 40 Prozent der Firmen eine »eindeutige und inspirierende Vision«. Und selbst in Unternehmen, die noch eine Vision haben, wird diese nicht verstanden. Die Politik ist alarmiert und fordert die Manager auf, Visionäre von morgen zu identifizieren. Klagt ein Mitarbeiter über trunkene Träume und Schwindel? Läuft er ohne Socken durch die Firma? Ernährt er sich vegetarisch? Benutzt er Online-Namen wie Meister Eckhardt oder Vishna? Dann könnte er Firmenvisionär werden. Der Ausstoß an Visionen in Deutschland kann so binnen kurzer Zeit vervierfacht werden. Wir müssen nur daran glauben.

XXL-Weihnacht

Der Advent ist die Zeit der Freude. Vorbei die elenden Monate, in denen wir einsam und verloren durch die Innenstädte irrten. In prallvollen Kaufhäusern spüren wir dann wieder vor, hinter und neben uns die wohlige Wärme unserer Mitkonsumenten. Das macht gute Laune. »Wir rechnen in diesem Jahr mit einem Rekordumsatz. Das Geld sitzt bei den Verbrauchern so locker wie schon lange nicht mehr«, jubelt der Verband Deutscher Taschendiebe. Viele Bundesbürger liebäugeln mit größeren Geschenken. Die Renner sind Containerschiffe der Triple-E-Klasse, leer stehende Kirchen und griechische Inseln. Das gute Konsumklima bekommt auch die Post zu spüren. Sie fährt Sonderschichten, um die Unmengen an Paketen für die Ostzone zu bewältigen. Äh, einen Moment, den letzten Satz bitte streichen, der ist hier irgendwie aus dem Archiv hereingerutscht. Getrübt wird die Euphorie nur durch die sich anbahnende Glühweinkrise. Weil die Organisation Wein exportierender Länder (OWEC) die Produktionsmengen drastisch gedrosselt hat, drohen die Weihnachtsmärkte auszutrocknen. Die Bundesregierung plant als ersten Schritt sonntägliche Trinkverbote. Sollte die Stimmung kippen, will sie ihre Notreserven anzapfen und Tetrapacks mit billigem mazedonischem Fusel über den Buden abwerfen.

Ziffernglück

Die 22-stelligen Kontonummern haben sich bewährt. Die Telekom will hinter den Banken nicht zurückstehen und kündigt für nächstes Jahr 33-stellige Telefonnummern an. In diese einfließen sollen unter anderem die Abschluss-Schulnote, der Intelligenzquotient und die Zahl der Telefonbetrüger, denen der Anschlussinhaber schon auf den Leim gegangen ist. Bereits ab dem Sommer heißt es beim Samstagslotto: 600 aus 4900. Hintergrund: RTL hat sich die Rechte an der Ziehung der Lottozahlen gesichert und möchte die Spannung künstlich in die Länge ziehen. Nach jeder gezogenen Ziffer ist eine Werbepause geplant. Anstelle der bisherigen Kennzeichen sollen Autos künftig eine Rundum-Banderole bekommen, die über Vorstrafen, Hang zum Drogenkonsum und die Anzahl der durchgefallenen Führerscheinprüfungen informiert. Die größte Umstellung bereitet das Bundesbauministerium vor. Alle Gebäude im Land sollen fortlaufend nummeriert werden. Die ersten Nummern bekommen die Helgoländer. Im Münchner Umland müssen Hausbesitzer bereits mit Millionen jonglieren, als Hilfsmittel werden jedoch Zehnerpotenzen erlaubt. Für das hochverschuldete Berlin wird es eine Sonderregelung geben. Dort bekommt jede Hausnummer ein Minus vorgesetzt.

Armer Apfel

Apple kommt mit der Produktion von iPhones kaum noch hinterher. In den vergangenen drei Monaten verkaufte das Unternehmen pro Stunde 34 000 iPhones. Wenn die Firma so weitermacht, ist die Erde 2025 unter einer drei Meter dicken iPhone-Schicht begraben. Als Einziger herausragen wird dann der 8 732 Meter hohe Mount Cook in Kalifornien, ein Berg aus Geldscheinen, der zurzeit noch 4 000 Meter niedriger ist, pro Stunde allerdings um 8,25 Millionen Dollar wächst und in zehn Jahren wohl schon so hoch sein wird, dass man ihn von Samsung in Südkorea aussehen könnte. Ein kleines Problem wird sein, dass man im Jahr 2026 auch mit Schnürsenkeln ins Internet gehen können wird, iPhones also überflüssig werden. Was dann mit den Telefonen passiert, ist offen. Die Bundesregierung prüft eine Endlagerung der Geräte in Gorleben, wogegen sich aber Bürgerinitiativen wehren. Auch eine Verklappung auf See scheidet aus, weil dies einem Völkermord an den Siris, den für Apple arbeitenden Sprachassistenten, gleichkäme. Klar ist, dass Apple nur gerettet werden kann, wenn Europäer und Amerikaner einem Schuldenschnitt für das Unternehmen zustimmen. Dabei gilt: je eher wir Steuerzahler dem armen Konzern aus Kalifornien helfen, desto besser.

Fliegende Porsche

Autos von Porsche sind gefragt wie nie. Zum Höhenflug der Marke passt die Skulptur, die am Stammsitz in Stuttgart aufgestellt wurde: drei Porsche 911, die rasant gen Himmel streben. Um dorthin zu gelangen, muss man aber zunächst die Erdanziehung überwinden, geben Raumfahrtexperten zu bedenken. Nun wissen wir, warum es Porsche-Lenker auf der Überholspur immer so eilig haben und mit der Lichthupe nerven: Sie versuchen, die erforderliche Fluchtgeschwindigkeit zu erreichen. Eine ausreichende Motorisierung vorausgesetzt, geht das ganz einfach: Wählhebel auf Stellung U (wie Umlaufbahn) stellen, im Navi die Koordinaten eingeben und kräftig Gas geben. Dumm nur, wenn vor dem Abflug ein notorischer Langsamfahrer eine Vollbremsung provoziert. Dann reicht der Schub nur bis zur nächsten Leitplanke, deren Überwindung selbst Porsche-Fahrer überfordert. Es wird von Betroffenen berichtet, die in dieser Situation auf ihrem Smartphone verzweifelt eine Schraubenschlüssel-App suchten, um das Hindernis abzuschrauben. Es geht aber auch einfacher: Wer einen Porsche auf der Überholspur sieht, lässt ihn passieren. Schafft er es in eine stabile Umlaufbahn, kann man ihn in der Nacht darauf als kleinen, hellen Punkt am Himmel sehen.

Im Müßiggang

Der Mensch strebt stets nach einer höheren Ebene – sei es des Bewusstseins, im Sport oder im Beruf. Das müsste auch auf den Busfahrer Kevin Pyle zutreffen, der vor geraumer Zeit beim Wettbewerb eines regionalen Radiosenders im englischen Newcastle den Titel des faulsten Menschen der Stadt gewonnen hat. Er könnte bald die Chance erhalten, seinen Müßiggang auf ein höheres Niveau zu heben. Kevin Pyle hat die Angewohnheit, seinen Hund, eine englische Dogge – auch Mastiff genannt – allmorgendlich über eine Strecke von sechs Kilometern mit dem Auto Gassi zu führen. Während Pyle auf dem Beifahrersitz die Leine am Fenster hält, steuert sein Sohn den Wagen. Wie einige britische Politiker dieser Tage ankündigten, wird die Regierung von 2017 an in drei Städten fahrerlose Autos testen lassen, die sich anhand von Sensoren und Kameras orientieren. Für Mister Pyle und seinen Sohn hätte das den unschätzbaren Vorteil, dass sie den Fernsehsessel nicht verlassen müssten und das Auto mit dem Mastiff allein rausschicken könnten. Das Tier wäre zeitweise herrenlos, aber autobesitzend. Analog zur Redensart, der Schwanz wedelt mit dem Hund, sollten für den Fall, dass das Auto mit dem Hund wackelt, allerdings alle Alarmsignale schrillen.

Tempo!

»Cappuccino?« – »Ja, bitte.« – » Mit Milch?« – »Natürlich!« – »Groß oder klein?« – »Normal, Herrgott!« – »Kommt sofort.« Zischen, Dampfen, Stöhnen. »Möchten Sie ein Tütchen Zucker?« – »Nein! Ich hab's eilig.« – »Falls doch, hier links finden Sie ...« – »Her mit dem Kaffee, schnell!« – »Bitte schön, der ist übrigens aus fair geschälten Bohnen ohne Mitwirkung von geschützten Nutztieren.« – »Egal! Beeilung!« Eine Lautsprecherstimme: »...haben wir gerade den Bahnhof von Stuttgart verlassen und erreichen in wenigen Minuten Köln.« – »Oh, tut mir leid. Bei Tempo 600 dürfen wir keine Heißgetränke ausgeben. Zu gefährlich, Sie verstehen? Aber kurz vor Köln fahren wir nur noch 415 km/h, da könnten Sie ...« – »Aber ich muss doch schon in Frankfurt raus!« – »Da sind wir gerade durch. Das war der graue Fleck da draußen.« Getümmel. Geschrei. Solche Szenen werden sich künftig öfter in den Zügen abspielen. Eine japanische Magnetschwebebahn hat jüngst die Geschwindigkeit von 603 Kilometern pro Stunde erreicht. Bald werden deutsche Züge Tempo 1000 erreichen, was die Getränkeausgabezeit im Bordbistro auf zwei Minuten reduzieren wird. Das ist aber nicht besonders schlimm, weil sich die Passagiere bei dem Tempo ohnehin in der Schwerelosigkeit befinden.

Patente

Das Europäische Patentamt ist in München angesiedelt. Das ist ganz sicher kein Zufall, steht doch die Isarmetropole von jeher für Innovationsgeist und Ideenreichtum. Epochale bayerische Erfindungen waren die Hängebrücke über die zuvor unüberwindbare reißende Bierschwemme im Hofbräuhaus und der Transrapid-Zug, der berührungslos 30 000 Migranten oder gar noch mehr pro Tag aus dem Land schafft. Zuletzt wurde auch die revolutionäre Hoeneß-Birne patentiert, deren Licht den zuvor düsteren Pfaffenwinkel erleuchtet. Laut Medien wurden in letzter Zeit vor allem Patente auf Lebensmittel und Tiere geltend gemacht. Mäuse, Schweine, Insekten, Affen und Brokkoli sind mittlerweile patentiert und dürfen von den Chinesen nicht nachgemacht werden. Bei diesem Verfahren bauen Wissenschaftler einem konventionellen Schwein oder Gemüse fremde DNA ein, damit es beim Braten nicht schrumpft oder von Kindern ohne Protestgeschrei gegessen wird. Natürlich wirken alle diese Tiere und Gemüse auch gegen Krebs. Diese tückische Krankheit steht jetzt kurz vor der Ausrottung. Deshalb werden beim Patentamt immer mehr Krebszellen patentiert, damit später auch noch jemand krank wird.

Exportschlager

Durch Deutschland rollt eine Welle der Empörung, eine Stimmung des »Genug jetzt!«, ein Schrei nach Gerechtigkeit des lange zur Büßerhaltung verdammten Volkes. Es geht um den deutschen Export. Der deutsche Export ist für die Nation das, was früher das Christentum oder eine Rateshow mit Wim Thoelke war. Wenn die neuesten Exportzahlen veröffentlicht werden, sitzt die Nation mit offenem Mund vor den Übertragungsgeräten, Mütter drücken ihre Kinder an sich, Männer ballen die Faust, bis die erlösenden Ziffern vermeldet werden: Anstieg des Exports um 0,34, vielleicht 1,3 oder gar – hurra! – 2,15 Prozent! Die Menschen atmen auf, kaufen ein, lieben sich, gründen Familien oder singen einen Exportschlager. Doch Deutschland ist eingekreist von Neidern und Defizitsündern, die mit einem Mehrfrontenkrieg drohen. Frankreich und Italien betrachten Exportsteigerungen von über 3 Prozent als Kriegsgrund. In diesem Fall sind alle Deutschen angehalten, für ihre volljährige Tochter einen VW Polo zu kaufen, der dadurch nicht exportiert werden kann. Damit muss Schluss sein! Sollten unsere Nachbarn nicht einlenken, wird Deutschland neben VW-Autos auch seine schlechte Laune, die Straßenverkehrsordnung, weiße Socken und Steuerformulare exportieren.

Achttausender

Internationale Geografen haben fünf neue Achttausender entdeckt – Berge also, welche die magische Grenze von 8 000 Metern überragen. Die Neuen seien aber gar keine richtigen Berge, kritisieren Experten, was die Frage aufwirft, wann ein Berg ein Berg ist. Die allgemeine Definition lautet: zwischen Gipfel und Scharte müssen mindestens 300 Meter liegen. Diese rein technische Bestimmung reicht natürlich nicht aus. Ein Berg ist nur dann ein Berg, wenn ihn düstere Mythen von heroischen Seilschaften oder verwunschenen Steinböcken umwölken oder sich im Eis Spuren der Körperbehaarung Reinhold Messners finden, die er in höchster Bergnot zurücklassen musste. Jeder Berg muss zudem über eine eisige Nordflanke verfügen, die von einem Engländer zum ersten Mal bezwungen wurde. Und: er muss Gegenstand eines volkstümlichen Schlagers oder Namenspatron einer Lederhosenband sein. Hier tun sich die Topberge Asiens schwer. Vertonungen sind bisher gescheitert, mit Ausnahme des Hüttenklassikers »Abendglühn am Kangchendzönga« oder des Almkrachers »Meine Anna heißt Annapurna«. Das ist zu wenig. Hoffnung macht aber, dass im Nachlass von Luis Trenker 13 bisher unbekannte Mehrtausender entdeckt wurden. Mindestens vier sind schlagertauglich.

Die Stiftung

Damals, in den entbehrungsreichen Aufbaujahren, drohte unser Land sich in ein Inferno zu verwandeln. Täglich explodierten Waschmaschinen, verschluckten Staubsauger wehrlose Kleinkinder, falls diese vorher nicht von einem schlampig zusammengedengelten Kinderwagen geviertelt wurden. Hausfrauen wurden von Stabmixern verstümmelt, Skifahrer ließen Ski und Schienbein in den Krallen ihrer Bindungen, Spaghettisoßen enthielten Spuren von Kleinnagern. Höchste Zeit, die Stiftung Warentest ins Leben zu rufen. Ihr oblag es, die schlimmen Verheerungen durch schadhafte Produkte einzudämmen. Erfolge stellten sich rasch ein: Nähmaschinen, deren Nadeln zuvor wie Schrapnells durch die Luft geschossen waren (viele kennen noch die charakteristischen Löcher in den Wänden der Altbauwohnungen) verschwanden oder wurden nach Russland exportiert. Aus fehlerhaften Brustimplantaten wurden Heizkissen, aus Schwertern Pflugscharen. Die Stiftung Warentest hat Deutschland verändert. Brustimplantate explodieren nicht mehr, Heizkissen bleiben angenehm kühl, Fahrräder können gefahrlos aus dem dritten Stock auf Kleinkinder geworfen werden. Allerdings: ein wenig langweiliger ist unser Dasein auch geworden.

Raketen-Selfie

Immer, wenn der südkoreanische Konzern Samsung zwei Spitzen-Smartphones vorstellt, schießt Nordkorea zwei Kurzstreckenraketen in Richtung Japanisches Meer ab. Ein Vergleich zeigt die Stärken und Schwächen der konkurrierenden Produkte: Die Raketen haben eine Reichweite von 500 Kilometern, deutlich mehr als die Smartphones. Allerdings erreichen die Projektile erst hinter der Grenze ein WLAN-Netz. Bei der Lieferfähigkeit liegt Pjöngjang vorn, denn dort befinden sich nach Expertenschätzung bereits einige Hundert Kurzstreckenraketen auf Lager. Samsung dagegen konnte nur die beiden gezeigten Spitzenmodelle präsentieren, von denen eines auf der Herrentoilette der Handymesse in Barcelona verloren ging. Insgesamt neigt sich die Waagschale also Richtung Nordkorea, denn die Kommunikation mit Raketen hat Vorteile. Auf den Abschuss einer Kurzmitteilung erfolgt keine Antwort mehr, was den Datenverkehr entlastet. Kurzstreckenraketen sind zudem leichter und kleiner als moderne Smartphones. Außerdem werden die Lagerhäftlinge bei der Produktion der Raketen besser behandelt als die Billiglöhner in chinesischen Smartphone-Fabriken. Eines sollte man aber bedenken: ein Raketen-Selfie kann tödlich sein.

Waffe und Bahn

Die Bundeswehr hat ja seit Jahren ein Problem mit ihrem Gewehr G36. Die Waffe schießt unter extremen Bedingungen wie Hitze, Kälte, Trockenheit, Nässe, Tag und Nacht, morgens, abends und bei Vollmond ungenau oder gar nicht. Sie hat also ähnliche Probleme wie die Berliner S-Bahn. Grund ist in beiden Fällen die Sparwut der öffentlichen Hand, die Spitzenleistung zum kleinen Preis verlangt. Das soll jetzt anders werden. Der Bund plant zwei Leuchtturmprojekte im zivilen und im militärischen Bereich: ein Nahverkehrszug für den Schienenbetrieb, dessen Türen sich mehrmals am Tag öffnen und schließen lassen, der auch bei böigem Wind bis zum Monatsende fährt. Der Zug wird ungefähr drei Milliarden Euro kosten und im Jahr 2033 fertig sein. Zwei weitere Züge sollen im nächsten Jahrtausend angeschafft werden. Das ebenfalls geplante neue Gewehr für die Truppe schießt von hinten nach vorne und wird nicht nur im Nahverkehr, sondern auch im Fernkampf bei Nieselregen eingesetzt. Vorerst beschränkt man sich auf den Kauf eines Modells. Die Kosten von zwei Milliarden Euro kommen aus einer Kriegsanleihe. Wenn deutsche Soldaten dereinst mit der S-Bahn an die Ostfront fahren, ist die Lücke zu Technologienationen wie Aserbaidschan und Kurdistan geschlossen.

Schlapphüte

Aus gutem Grund lässt Deutschland seine Agenten, Maulwürfe und Spione durch den US-Geheimdienst ausbilden. Dieses Programm trägt reiche Früchte. Dabei war der Anfang schwer. Der BND warb jahrelang um begehrte Fachkräfte, also um Männer mit mittlerer Schulbildung, die ein Smartphone von einem Rasierer und einen toten von einem lebendigen Briefkasten unterscheiden können. Computerkenntnisse waren erwünscht, aber nicht zwingend. Bei der Grundausbildung halfen die Amerikaner selbstlos mit. Sie entwickelten zunächst das Computerspiel »Fang den Schlapphut«, mit dem den Spionage-Novizen die Grundlagen ihres Handwerks vermittelt wurden. Sie beruhigten ihre nervösen Kollegen, wenn wieder mal eine Aufklärungsdrohne über einem Wohngebiet abgestürzt war, zeigten den Deutschen, wie man Telefone abhört, ohne dazwischenzureden, und legten die Speisenfolge in der BND-Kantine fest. Danach wurden die gelehrigen deutschen Schüler hinausgeschickt in alle Welt, um Informationen zu sammeln. Ihre Spur verlor sich rasch. Dass jetzt nur noch Amerikaner in der BND-Zentrale sitzen, ist deshalb normal und nicht zu kritisieren.

Schildkröten

Paläontologen haben bei Schwäbisch Hall die älteste Schildkröte der Welt gefunden. Sie ist ungefähr 240 Millionen Jahre alt, aber noch rüstig, sofern dieses Attribut überhaupt mit einer Schildkröte in Verbindung gebracht werden kann. Nur wenigen Menschen – wie etwa britischen Königinnen und deutschen Diakonissen – ist es vergönnt, jemals so alt zu werden. Die Forscher wollen jetzt den Ursachen auf den Grund gehen. Zunächst ist erstaunlich, dass alle Faktoren, die bisher als wichtig für ein langes Leben galten, bei der Schildkröte aus Schwäbisch Hall außer Kraft gesetzt sind. Nach unserem Wissen trieb diese Doyenne der Reptilienfamilie nie Sport, war ungesellig und aß wenig Obst. Allerdings: sie hielt sich von allen Ereignissen fern, die Aufregung und hohen Blutdruck verhießen. Meteoriteneinschläge verfolgte sie aus der Ferne, sie hatte keine Familie, las keine Zeitung, und mied den öffentlichen Nahverkehr. Schlechte Laune hatte sie zuletzt vor etwa 100 000 Jahren, gute Laune nie. Ist sie damit ein Vorbild für uns alle? In jedem Fall hat der Mensch in Sachen Lebenserwartung Luft nach oben. In Kanada entdeckte man jetzt die vermutlich ältesten menschlichen Fußspuren – sie sind 13 200 Jahre alt. Da war unsere Schildkröte noch nicht mal in der Pubertät.

Moderne Zeiten

Frank und frei

Es gibt Relikte aus dem vergangenen Jahrhundert, die die Moderne überlebt haben. Zum Beispiel werden gelegentlich noch Briefe oder Karten per Post verschickt, ja wirklich. Obwohl man eigentlich simsen, mailen oder skypen könnte. Einmal im Jahr können Kunden des Energieversorgers EnBW den Strom- und Wasserverbrauch vom Zähler ablesen und per vorgedruckter Postkarte an den Konzern zurückschicken. Auf der Karte steht ein Satz, der aus dem Postkutschenzeitalter stammt: »Bitte frankieren, falls Briefmarke zur Hand!« Das bedeutet im Klartext: Wenn Sie, verehrter EnBW-Kunde, Ihrem treuen Lieferanten schon immer mal was schenken wollten, tun Sie es jetzt. Natürlich stürzt der Wunsch den Endverbraucher regelmäßig in Gewissensnot. Die EnBW sind ein Riesenunternehmen mit zweistelligem Milliardenumsatz, soll man ihr da was spendieren? Anderseits macht sie neuerdings Millionenverluste, um sie zu mildern, könnten die Kunden ein Scherflein beitragen, und seien es 45 Cent Porto. Wenn am Ende die Knauserigkeit siegt, liegt es in den meisten Fällen daran, dass heute fast jeder Mensch von früh bis spät ein Smartphone in den Fingern, aber keine Briefmarke zur Hand hat. Mal abgesehen davon, dass die Klebefläche so einen bitteren Nachgeschmack hat.

Energiewender

Zu den unverzichtbaren Dinge oder Personen, die nirgends fehlen dürfen, gehört der Energiewender. Neben dem Bratenwender, Heuwender und Software-Anwender gehört der Energiewender heute in jeden ökologisch korrekt geführten Haushalt – gleich ob in der Stadt oder auf dem Land. Der Energiewender kann als juristische Person oder ferngesteuerter Roboter auftreten. Er achtet fein säuberlich darauf, dass Haushaltsmitglieder geleerte Erbsendosen oder Joghurtbecher nur heiß gewaschen, kalt gespült und luftgetrocknet in den Gelben Sack geben. Sein Augenmerk richtet der Energiewender vor allem auf die Wärmedämmung. Ein Haus dichtet er so hermetisch ab, dass die Bewohner sich in der eigenen Restwärme im Winter recht behaglich fühlen. Die knapper werdende Atemluft wird der Energiewender gerecht portionieren, an alle Familienangehörigen verteilen und neu entstandene Schimmelpilzkulturen daran partizipieren lassen. Ist ja auch Natur! Die Emissionen von Kohlendioxid führt der Energiewender auf ein Minimum zurück, Gebäude werden langfristig zu CO_2-Fressern, indem sie innen und außen voll begrünt werden. Eines Tages liegen wir im Moosbett, sind eins mit Wald und Wiese. Dann hat der Energiewender sein Werk vollbracht.

Entfesselt

Käpten Ahab hat es zeitlebens nicht verwunden, dass er ein künstliches Bein aus Walfischknochen tragen musste. Für den Verlust seines Beins hat er einen Weißen Wal verantwortlich gemacht und deshalb jagte er Moby Dick über alle Meere. Der 29-jährige Brite Christopher Lowcock aus der Stadt Rochdale hat zu seinem Holzbein ein recht lockeres Verhältnis, wie der Sender BBC berichtet. Es hat ihm ein paar schöne Stunden, Tage und Wochen beschert. Lowcock ist wegen Drogendelikten verurteilt, er steht unter Hausarrest und sollte deshalb eine elektronische Fußfessel tragen. Als die Leute vom privaten Sicherheitsdienst G4S kamen, die ihm die Fessel im Auftrag der Justizbehörde anlegen sollten, präsentierte er ihnen sein bandagiertes Kunstbein und ließ den Button daran befestigen. Für seine Ausflüge streifte er die Prothese samt Fessel ab und machte sich unbeobachtet davon. Der alte Spruch »Holzauge sei wachsam« darf deshalb ergänzt werden durch den Slogan »Mit Holzbein mal frei sein«. Weitere Lehren sind aus diesem Vorfall nicht zu ziehen, allenfalls ist noch zu berichten, dass zwei Mitarbeiter des privaten Sicherheitsdienstes wegen der Panne entlassen worden sind. In dieser Geschichte schneidet eigentlich nur der entfesselte Christopher Lowcock ganz gut ab.

Wortverpackungen

Im Adventskalender einer Süßwarenkette wurde Mineralöl gefunden. Das zeigt: immer wieder rutschen Substanzen an Orte, wo sie nicht hingehören: mikroskopische Spuren von Moral und Ethik im Geschäftsbericht der Hypo-Vereinsbank beispielsweise, ein eingeschobener Nebensatz mit adverbialer Bestimmung im Statement eines Bundesligatrainers oder Polonium im Schal Arafats. Man sollte deshalb nichts essen oder kaufen, von dem man nicht genau weiß, was drinsteckt. Bei Apple beispielsweise ist man auf der sicheren Seite: Die dort verbauten Transistoren aus Nordkorea erkennt man daran, dass sie schnell heiß laufen und nach dem Angstschweiß der an der Produktion beteiligten Häftlinge riechen. Beim Kauf eines Zigeunergulascheintopfs aus dem Billigsupermarkt sollte man immer eine Woche bis zum Verzehr warten. Wenn sich die Dose dann auf das Dreifache aufbläht und Hilferufe aus dem Innern dringen – bitte sofort der Caritas spenden! Höchste Vorsicht ist bei Wortverpackungen geboten, wie: »... geben wir Athen Zeit, Schulden auf dem Tertiärmarkt zu niedrigeren Zinsen zurückzukaufen ... verschieben wir die Zeitachse für ein Reformprogramm ... gibt es weitere Fortschritte ...«. Sie sind hochtoxisch und gehören auf den Sondermüll.

Großes Geschäft

Viele Fluggäste würden für eine gute Internetverbindung über den Wolken auf die Bordtoilette verzichten, hat eine Umfrage ergeben. Besonders die Briten verspüren mehr Drang, ruckelfrei zu surfen, statt hin und wieder zu pinkeln. Daneben sind aber auch Manager ganz aufs Cloud-Computing erpicht. Sie wollen das große Geschäft lieber vom Sitz aus erledigen, statt dafür aufzustehen. Mit einer stabilen Datenverbindung lassen sich tatsächlich viele Dinge an Bord problemlos erledigen – etwa eine E-Mail an den Tower schicken: »Können Sie bitte unsere Maschine als Erste landen lassen, meine Frau wartet mit dem Essen.« Oder beim Piloten nachfragen: »Haben Sie gerade Willkommen in Hanoi gesagt? Ich dachte, das ist der Flieger nach Hannover!« Oder per Chat mit der Stewardess flirten: »Wenn Sie den Tomatensaft eingießen, bin ich auf Wolke sieben.« Auch lästige Konversationen mit dem Sitznachbarn lassen sich so leichter beenden. »Ich melde mich dann wieder bei Ihnen. MfG ...« Wie groß der Leidensdruck vieler Fluggäste ist, zeigt sich daran, dass jeder dritte ein schreiendes Baby neben sich einer ruckelnden Verbindung vorzieht. Einige britische Airlines wollen jetzt als Sofortmaßnahme Lautsprecher mit Babygebrüll in die Sitze einbauen. Die Kunden werden es ihnen danken.

Autos unter sich

Autos bremsen heutzutage selbstständig, auch alleine einparken können sie. Schon sind die ersten Fahrzeuge unterwegs, die eigenmächtig lenken. Wohin soll das bloß führen? Spätestens in zehn Jahren werden sich unsere Autos vollends emanzipiert haben. Sie fahren dann alleine ins (Auto-)Kino, um sich »Ein toller Käfer« oder die 90 Folgen von »Knight Rider« reinzuziehen. An schönen Frühlingstagen unternehmen sie ohne uns Ausflüge aufs Land. Abends hängen sie an der Tankstelle rum und lassen sich volllaufen. Wir werden uns daran gewöhnen müssen, dass unsere Autos eine eigene Persönlichkeit entwickeln. Einige werden einen Putzfimmel bekommen. Sobald wir ausgestiegen sind, rasen sie in die nächste Waschanlage. Wenn sie das Gefühl haben, dass wir uns auseinandergelebt haben, werden sie sich von uns trennen. Junge Autos, die noch grün hinter dem Motor sind und gerne mal den Turbo zuschalten, wird man gut im Auge behalten müssen. Alte, klapprige Vehikel werden dagegen besondere Pflege benötigen. Unklar ist noch, ob die Pflegeversicherung die häusliche Betreuung abdeckt. In ihrer Steuererklärung werden Autos uns als »außergewöhnliche Belastung« absetzen können, das steht im Wahlprogramm der AfD (Autos für Deutschland), die ab 2025 den Autokanzler stellt.

Auf Ent-Zug

In der DDR war ja nicht alles schlecht. Reibungslos funktionierte etwa die Mangelwirtschaft. Jeder DDR-Bürger konnte sich darauf verlassen, dass bestimmte Produkte stets in viel zu geringer Menge verfügbar waren. Auch das Anstehen vor Geschäften klappte prima. Die Westdeutschen sollten auf diesen Erfahrungsschatz zurückgreifen, wenn wieder einmal wegen eines Lokführerstreiks Züge akute Mangelware sind. Clevere Bahn-Kunden haben immer einen Schlafsack, Campingkocher und eine Rolle Klopapier im Rucksack – für den Fall, dass die Gewerkschaft Deutscher Lokomotivführer (GDL) am nächsten Morgen einen fahren lässt und man sich am Bahnsteig einen guten Platz sichern muss. Noch gescheiter ist, wer sich in der Woche vor einem drohenden Streik freinimmt und auf Vorrat Bahn fährt. Wenn der Streik dann da ist, kann man von den Erinnerungen zehren. Nicht schaden kann, jeden Abend die GDL-Nachrichtensendung »Aktueller Lokführer« einzuschalten. Die ist zwar voll von Jubelpropaganda (»Fünf-Tage-Streikplan übererfüllt, 99 Prozent der Züge standen still«), zwischen den Zeilen erhält man aber die wertvolle Info, dass jeder hundertste Zug unterwegs war. Ein anderer Rat aus der DDR: nehmen, was kommt. Wenn Sie also nicht mit dem ICE von Stuttgart nach Kiel kommen, scheuen Sie sich nicht, ein Regionalbahnticket zu lösen. Ihr Nachbar wird grün vor Neid.

Bilder riechen

Wenn die Wissenschaftler sich anstrengen, dann kann der »Tatort«-süchtige Fernsehzuschauer in absehbarer Zeit die volle kriminalistische Realität erleben: mit dem Geruchsfernsehen. Dann kann er nachvollziehen, warum die Kommissare sich beim Betrachten einer Leiche Tücher vor die Nase halten oder gleich in Ohnmacht fallen. Beißender Gestank oder süßlich-moderiger Leichengeruch wird sich im Wohnzimmer ausbreiten. Ein sogenanntes oPhone, an dem in den USA gearbeitet wird, soll zu den Bildern die passenden Gerüche liefern. Kochsendungen werden dann noch beliebter, allerdings darf dann nichts mehr anbrennen. Noch besteht die technische Schwierigkeit darin, den Geruch zeitgleich mit dem passenden Bild zu liefern. Der Betrachter wäre irritiert, wenn der Geruch nach Pferdestall einströmte, der Reiter sich aber bereits im Ballsaal unter wohlriechenden Damen bewegte. Schon vor Jahrzehnten hat man versucht, im Kinosaal die Zuschauer mit einem »Beduftungssystem« zu beglücken. So richtig funktionierte das nicht. Manche kamen mit Kopfschmerzen aus dem Nasen-Kino. Aber Düfte bedeuten Emotionen, an denen die Zuschauer gepackt werden wollen. Schon Rembrandt warnte: »Schnüffelt nicht an meinen Bildern. Farben sind giftig.«

Teufelskreis

Zwischen dem Sommerloch und einem Schwarzen Loch gibt es überraschende Parallelen. Wenn man erst mal drin ist, kommt man nur schwer wieder heraus. Auch die Zeit scheint im Sommer manchmal ebenso stillzustehen wie in seinem astronomischen Pendant. Wenn tagelang nichts Wichtiges passiert, weiß man irgendwann nicht mehr, welcher Tag gerade ist – und es spielt auch überhaupt keine Rolle mehr. Auf das Sommerloch folgt nach einer kaum wahrnehmbaren Übergangszeit die Herbstdepression – unter der vor allem Journalisten ganz besonders leiden, weil diese Profession Umfragen zufolge zu den Top Ten der depressiv machenden Berufe zählt. Zum Glück kommt nach der Herbstdepression die deutlich angenehmere Phase des Winterschlafs – der noch erholsamer sein könnte, wenn man nicht ständig seine Schlafhöhle verlassen müsste, um sich aus astronomischer Perspektive völlig irrelevanten Tätigkeiten wie Arbeiten oder Einkaufen zu widmen. Kein Wunder, dass uns nach dem Winterschlaf die Frühjahrsmüdigkeit packt. Und dann naht auch schon wieder das Sommerloch. Ein Teufelskreis, aus dem es nur einen Ausweg gibt: ein nettes Plätzchen suchen, einen kühlen Drink schlürfen und warten, bis ein Schwarzes Loch vorbeikommt.

Labelitis

Ohne Label – sprich Läibel – geht heute nichts. Auf der Müslitüte prangen mindestens drei Biolabel, auf dem Schwarzwälder Schinken ein EU-konformes Herkunftslabel, und die gewöhnliche Damenhandtasche mutiert dank eines exklusiven Markenlabels zur waschechten Labeltasche. Natürlich hat die grassierende Labelitis auch schon den Automarkt erreicht – doch die wenigsten Autokäufer interessieren sich laut einer Umfrage für das vorgeschriebene Ökolabel mit der Energieeffizienzklasse. Macht ja auch keinen Spaß, wenn da ausgerechnet bei dem schnuckeligen Geländewagen in der engeren Auswahl ein fettes »G« (wie ganz schlecht) steht. Dabei will man das Fahrzeug doch primär nutzen, um auch bei schlechten Straßenverhältnissen sicher zu den besten Bioläden zu gelangen oder zur Versammlung des örtlichen Naturschutzvereins. Thema: Verkehr und Umwelt. Höchste Zeit, dass sich die Autohersteller positiver besetzte Labels überlegen. Gut ankommen würde bei der kaufkräftigen und ökologisch orientierten Kernzielgruppe zum Beispiel der Aufkleber: »Fahrzeug kompostierbar nach EU-Norm«. Schließlich soll es bald Autos geben, die sich selbst steuern – wieso nicht auch welche, die sich selbst zersetzen? Aber bitte nicht zu schnell.

Zeitmangel

Nie hat man genug Zeit, immer ist irgendwas, ständig muss man auf sein Handy gucken, den Zeitmangel twittern. Und da ist noch gar nicht eingerechnet, dass man jetzt auch wieder so viel Zeit braucht, um das Mostobst zur Mostobstannahmestelle zu bringen und dem Taxifahrer den Schulwegeplan im Rahmen der Aktion »Sicherer Schulweg« zu erklären, weil auch das Kind gar keine Zeit mehr hat, selbstfüßig zur Bildungseinrichtung zu watscheln. Stress! Stress!! Stress!!! Der Tag sollte 29 Stunden haben, das Jahr 497 Tage, das Leben 893 Jahre. Aber nicht mal das kriegt die Regierung hin. Die britische Organisation Macmillan Cancer Support hat nun ausgerechnet, wie viel Zeit wir durchschnittlich im Jahr mit Dingen verbringen, die nun wirklich unwichtig sind. Die man sich also sparen könnte, um wieder etwas mehr Zeit zu gewinnen für die Facebook-Pflege oder um noch zwei bis 367 Selfies zu schießen. 6,8 Tage sitzen wir zum Beispiel auf dem Klo. Das muss nicht sein. Würden wir die 63 Tage, die wir alle durchschnittlich im Jahr Diät machen, auf 364 erhöhen, wäre Stuhlgang überflüssig. 11,3 Tage haben wir eine Erkältung, 11,9 Tage waschen wir Wäsche, 7,9 Tage lang suchen wir irgendetwas. Aber was? Den Sinn des Lebens? Oder den Notausgang?

Personal-TV

Das Fernsehen von heute ist morgen von vorgestern. Wie vieles in der Medienwelt (Buschtrommeln, Rauchzeichen, Tageszeitungen) ist die Flimmerkiste bedroht von: sozialen Medien, Internet, Smartphones, Tablets und der neuen Spezies der Media-Multitasker. Jene Lebewesen, die alles gleichzeitig machen. Kaugummi kauen, »Game of Thrones«, »Breaking Bad« und »Homeland« zeitgleich gucken, den Hipsterbart kraulen, twittern, dass man sich den Hipsterbart krault, auf Facebook posten, dass man die Hipsterbart-Kraulnummer getwittert hat, mit dem Handy whatsappen, dass Hipsterbartkraul-Getwitter Porno ist. Apropos Porno: der rasende Medienwandel kann auch verwirren. So hat jetzt der Fahrer eines Kleinlasters in Nürnberg versucht, rückwärts einzuparken – mit Hilfe seiner Rückfahrkamera. Plötzlich sah er auf dem Monitor aber nicht hinter sein Auto, sondern einen Pornofilm. Das erinnerte den Mann erst an den alten Spruch Marshall McLuhans über das Fernsehen als elektronisches Lagerfeuer der globalen Dorfgemeinschaft. Dann rief er die Polizei. Die stellte fest: die Rückfahrkamera wie die drahtlose Überwachungskamera eines Sexshops sendeten mit gleicher Frequenz. Was wir sagen: feste TV-Schemen sind out. Personalisiertes TV ist in.

Hello Kitty

Sehr gerne weisen Medien auf den weltumspannenden Erfolg von Hello Kitty hin. 1974 ist diese Figur von der Japanerin Yuko Shimizu erfunden worden. Seither hat sie Millionen von kleinen Mädchen fasziniert, die die weiße Katze mit der roten Schleife und den sechs Barthaaren unbedingt auf Shirts, Mützen oder noch besser als Bettgarnitur und Dekor für den Kinderschrank haben müssen. Die Erforschung des Hello-Kitty-Phänomens steht allerdings erst am Anfang, und inwieweit es Schnittmengen mit der Gläubigengemeinde von Diddl Maus und Lillifee gibt, ist nicht ergründet. Ob es gesundheitlich bedenklich ist, wenn Menschen über der Altersgrenze von sieben oder acht Jahren Hello Kitty verehren, ist ebenso unbekannt. Die Sängerin Micky Green ist 24-jährig mit einer Hello-Kitty-Gitarre aufgetreten, ohne dass es Atemnot oder eine Massenpanik ausgelöst hätte. Die Dunkelziffer von Kitty-Anhängerinnen in höherem Alter scheint größer zu sein als man denkt. Ein von einem Lizenznehmer in vier Farben produzierter Hello-Kitty-Vibrator ist im Handel derzeit vergriffen. Die Erfindung von Bartschneidern, Rollatoren und Treppenliften mit Hello-Kitty-Symbol ist daher eine Frage der Zeit. Diese coole Katzenprinzessin – das ahnen wir – ist verdammt langlebig.

Nuklearer Feuertopf

Die Briten gelten als letzte Verfechter der Atomkraft in Europa. Das ist eine gute Nachricht. Schließlich sind sie die Erfinder der Kettenreaktion, jener komplexen chemisch-biologischen Verpuffung, die unmittelbar nach dem Genuss von Kalbskopfpudding an Pfefferminzsoße auftritt und so viel Energie freisetzt, dass die Insel dadurch jedes Jahr einige Kilometer weiter weg von Europa ins Meer schwimmt. Allerdings sind die Briten ungeübt in der Handhabung von Werkzeugen, da sie außer Finanzkrisen und Nackt-Schlagzeilen nichts mehr produzieren. Britische Kinder haben noch nie in ihrem Leben einen Schraubenzieher oder Maulschlüssel gesehen, es sei denn, er wäre aus Johannisbeer-Gelatine. Deshalb sind die Chinesen mit dabei, die auf eine uralte Tradition der Feuerwerkerei zurückblicken. Ein explodierendes Atomkraftwerk mit seinem klassischen grün-blauen Strahlenbukett ist Höhepunkt jedes chinesischen Neujahrsfests. Außerdem gelten Chinas Nuklear-Wanderarbeiter als leidensfähig und gewerkschaftsfern. Wenn die Kettenreaktion nicht in Gang kommt, fachen sie den nuklearen Feuertopf mit der bloßen Hand an. Offen ist noch, wie sie auf das britische Essen reagieren. Ein erhitzter Kalbskopf in der Wok-Pfanne gilt in Asien als Super-GAU.

Telefonieren in der Dusche

Um ein Handy zu durchsuchen, brauchen US-Polizisten künftig einen Gerichtsbeschluss. Der Grund: Smartphones sind dem Menschen vertrautere Begleiter als Menschen. 90 Prozent der Amerikaner haben ein Mobiltelefon. Drei Viertel halten sich in unmittelbarer Nähe der Geräte auf, zwölf Prozent räumten ein, ihr Telefon sogar in der Dusche zu benutzen. Viele der empfindlichen Geräte schrecken aber vor solcher Intimität zurück. Gleichwohl werden in wenigen Jahren Liebesheiraten zwischen Mensch und Smartphone alltäglich sein. Das neue Galaxy XXLF8Z lässt sich schon jetzt mit einem fantasievollen Abendessen zu einigen Verruchtheiten überreden. Experten warnen aber vor Enttäuschungen, denn künftige Geräte unterscheiden sich vom Menschen nicht mehr. Sie sind berührungsempfindlich, jähzornig, wissen alles besser, ernähren sich ungesund und weigern sich, die Spülmaschine auszuräumen. Fälle häuslicher Gewalt sind programmiert. Ein Amerikaner entkam nur knapp dem elektrischen Stuhl, weil er sein Smartphone nach einem hässlichen Streit über die Farbe der Tischdecke in eine Blumenvase geworfen hatte. Umgekehrt steht ein Sony Xperia vor einem US-Gericht, weil es seinem Partner die Blumenvase an den Kopf schleuderte.

Ein Busi der Bahn

Der Deutschen Bahn geht es gut, alles läuft super, nur diese Fernbusse, gefüllt mit Hallodris und Billigurlaubern, sind eine lästige Konkurrenz. Jetzt will man auf die Wettbewerber reagieren. Der Fernbus ist ja wegen des völligen Fehlens von Privatheit und steriler Anonymität attraktiv. Wer sich dort den iPod überstreift, bohrt gleichzeitig mit dem Finger in der Nase der reizenden slowenischen Austauschschülerin auf dem Nebensitz. Wer sein Gepäck verstaut, stößt auf die Kleinwaffensammlung des bulgarischen Geschäftsmanns, in dessen dunkler Sonnenbrille sich die überlaufende Bordtoilette spiegelt. Für die Bahn ist es natürlich leicht, diese Melange aus Geborgenheit und Multikulturalismus herzustellen. Künftig wird also neben jedem Bahngast ein Mitfahrer platziert, der gegen Mitternacht seine Grillplatte und die Mandoline auspackt. In der Ersten Klasse zeigen TV-Geräte polnische Soaps, die eine trunken-melancholische Grundstimmung verbreiten. Das Bahnpersonal ist angewiesen, die Gäste grundsätzlich mit »Meister«, »Chef« oder »Horst« anzusprechen. Alkohol ist frei, jeder reguläre Halt wird mit einer Polonaise auf allen Vieren durch das Bordbistro gefeiert. Der Werbeslogan steht schon fest: Ein Busi der Bahn. Oder so.

Hugo und Spritz

An heißen Tagen nimmt der Mensch seltsame Substanzen zu sich. Dazu gehört Sonnenöl, das fingerdick auf die Haut aufgetragen wird. Die Kohäsionsfähigkeit des menschlichen Gewebes ist aber begrenzt, so dass sich Schichten viskoser Sonnenmilch lösen, das Gesicht hinabwandern, wo sie gedankenverloren von der Zunge aufgefangen werden. Die Zunge gilt deshalb als der am besten vor UV-Strahlung geschützte Körperteil des Menschen. Der damit verbundene Verlust des Geschmacksempfindens begünstigt die massenhafte Aufnahme von Sommerdrinks mit Namen wie Hugo, Spritz, Sprotz, Potz, Blitz. Sie basieren auf einem arglosen Früchtederivat, das zusammen mit Alkohol in einen gärenden Aggregatzustand versetzt wird. Hugo und Spritz führen bei längerem Missbrauch zu schweren Verhaltensdeformationen. Bankangestellte werden zu schillernden Poseuren, Hausfrauen zu urbanen Rotkehlchen. Die Politik ist alarmiert und plant abscheuliche Warnbilder auf jedem Hugo. Doch zu spät: schon wird überall ein Drink mit Namen Horst ausgeschenkt, der auf vergorenen Steckrüben und Karamell-Melasse basiert. Die Folgen sind verheerend: Immer mehr Neugeborene tragen Namen wie Hugo und Horst, an die sich später niemand mehr erinnert.

Wenn möglich

Der Satz »Wenn möglich, bitte wenden!« hat sich in die Geistesgeschichte eingeschrieben. Nach dieser Anweisung ihres Navigationssystems benutzten die Deutschen zum ersten Mal den Rückwärtsgang, fuhren mutig in Hafenbecken oder durchbrachen johlend die Leitplanken der Fernstraßen. Ihr Leben war plötzlich voll wilder Ausschweifungen. Das Navi hat also unser Leben verändert. Mancher erinnert sich an jene schnarrende Stimme, die sich nach einem düsteren Tom-Tom-Signal mit den Worten »hier spricht Ihr Kfz-Führer« meldete. Diese Stimme nahm den Deutschen die Last der Geschichte von den Schultern. Nachdem sie sich immer wieder in Ideologien und Mehrfrontenkriegen verheddert hatten, in der Nachkriegszeit deshalb ängstlich auf beschilderten Routen blieben, fahren sie jetzt mutig in jede Sackgasse und schicken Menschen ins All. Die sehen von oben jene Stimm-Wolken, aus denen Wortfragmente dringen wie: »... haben Sie Ihr Ziel ... in die Straße San Benedettocividalesecuronationale einbiegen ... jetzt rechts ... links ... doch rechts ... abbiegen ... oder nicht ...« Und so weiter. Bald wird das Navi selbst über die Reiseziele entscheiden. Die Fahrer werden spazieren gehen und fluchend in Kothaufen treten, weil sie niemand rechtzeitig gewarnt hat.

Zwei Minuten Mikrowelle

Sie ist eine der erfolgreichsten Erfindungen der Menschheitsgeschichte: In den USA wurde die Mikrowelle entwickelt. Seitdem verbrennen Topflappen und Kleintiere in den Kästen, detonieren rohe Eier, sprühen Funken aus alten Porzellantellern. Alles Arbeiten, die man früher mühsam mit der Hand erledigen musste. Die Mikrowelle hat die menschliche Zivilisation damit auf ein neues Niveau gehoben. Ursprünglich wollte man mit den Strahlen die Nazis bekämpfen, die aber aus Angst vorher kapitulierten. Dann, in den Wiederaufbaujahren, versammelten sich die Familien vor den Geräten und sahen zu, wie der geheimnisvolle Elektromagnetismus ein Blutbad unter verschiedenen Fertiggerichten anrichtete. Aus der heutigen Schnellküche ist die Mikrowelle nicht mehr wegzudenken. Der eilige Großstädter steckt morgens seinen Finger zwei Minuten in das Gerät und rührt damit den Kaffee um. Wenn er dann noch sein Smartphone in die Mikrowelle legt, kann er noch einmal die Nachrichten vom Vortag aufwärmen. Die neuesten Geräte sind nur noch streichholzschachtelgroß, aber sehr vielseitig. Sie können als Laubbläser oder Rasierapparat eingesetzt, im Notfall sogar komplett aufgegessen werden. Nur für den Einsatz gegen Nazis taugen sie nicht mehr.

Obsoleszenz

Dieser Text entsteht in einem Wettlauf mit der Zeit, denn der Redaktionscomputer ist mehr als fünf Jahre alt und wird damit demnächst Opfer der Obsoleszenz – also der geplanten Verkürzung der Laufzeit von Produkten durch die Industrie. Eine Untersuchung des Umweltbundesamts beweist, dass die Lebensdauer von Waschmaschinen und Trocknern immer kürzer wird. Viele Geräte müssen ausgetauscht werden, kaum dass die mit Legosteinen gefüllten Sportsocken der Kinder aus der Trommel geholt werden. Realistische Simulationen, bei denen ein 2 300-Watt-Haarföhn sechs Stunden im Zimmer einer 16-Jährigen lief, die zugleich 34 400 Whatsapp-Nachrichten beantwortete, brachten niederschmetternde Ergebnisse. Das Handy war feucht, der Föhn verbreitete Hassmails. Wie befürchtet gibt unser Computer jetzt eine Warnmeldung durch: »AfterInitialise DEBUG $_PROFILER (»afterInitialise«)«. Man sollte also bei jedem Gerät auf den Frischezustand achten. Wenn sich bei einem neuen TV-Gerät die Scheibe wölbt, ist das Innere schon vergammelt. »Grum,bllsgrt23!« Wichtig ist auch, dass … »Authorization $Itemid = JRequest::getApplication;sosfrt sffdrt4nvhf.« Verdammter Qualm! »Grumbll.Atzxs.No response.« Wir müssen aufhören …

Bahnhofsparadies

Deutschlands Bahnhöfe sollen wieder zu Visitenkarten des Landes werden. Der Kölner Bahnhof wurde deshalb bereits umgebaut. Das Gebäude, das zuvor Züge einer Turnhalle im ostukrainischen Kampfgebiet hatte, ist jetzt so schön, dass viele Züge vor Staunen entgleisen. Im Wartesaal, so heißt es, werde internationale Küche wie die Tomatensuppe von Jamie Oliver serviert, dazu Champagner. Die Toiletten würden zu »Wohlfühloasen«, in denen ein mediterranes Klima herrscht, Jungfrauen Milch und Honig servieren, Schafe weiden und die Menschen sich Artigkeiten ins Ohr hauchen. Das ist ein Bruch mit allen schienengebundenen Traditionen. Denn früher entleerte jeder erfahrene Zugreisende rechtzeitig seine Blase, um nicht die Bahnhofstoilette zu benutzen. Das war umso dringender, weil er sich zuvor für den Bittgang zu einem schlecht uniformierten Bahn-Angestellten Mut angetrunken hatte. Frische Luft brachte nur der Flügelschlag Abertausender Tauben, von denen nicht wenige in den örtlichen Imbissbratereien landeten. Jetzt aber schmiegen sie sich in die gusseiserne Pfanne von Jamie Oliver und werden Teil einer kulinarischen Flugschau. An der Umgestaltung des Kölner Bahnhofs zu einem arkadischen Paradies stören nur noch die Züge. Sie hinauszudrängen brauche Zeit, heißt es.

Druckerfleisch

Wie wird sich die Menschheit künftig ernähren? »Schokolade und Kunstfleisch aus dem 3-D-Drucker werden wohl zur Normalität«, prognostizieren Experten. Überraschend ist das nicht. Denn seit Jahren finden sich in Büro-Druckern Reste von Lebensmitteln in einem solchen Ausmaß, dass die Weltbevölkerung ernährt werden könnte, würde sich jemand die Mühe machen, alles zwischen den Gummiwalzen herauszukratzen. Zudem wird gedrucktes Essen magenfreundlich zerkleinert. Ein vergessenes Frikadellenbrötchen etwa wird noch nach Jahren von den feinen Druckerdüsen im Raum versprüht und verbreitet ein herb-würziges Klima von Erde, Bierdeckelmuff und geronnenem Blut. Glaubt man Experten, werden 3-D-Drucker bald Menüs für bis zu 30 Personen herstellen. Die Basis dafür ist künstlich hergestelltes Fleisch, das genauso schmeckt wie echtes aus dem Supermarkt, also nach nichts. Die Frage ist aber, ob der Mensch Ernährung künftig noch braucht. Viele digital aufgewachsene Jugendliche haben ihre wesentlichen Körperfunktionen bereits eingestellt. Wenn ihnen jetzt Kunst-Majonäse aus dem Drucker entgegenquillt, vermuten sie ein tückisches Virus, geraten in Panik und werfen das Gerät aus dem sechsten Stock auf die Straße.

Mythen der Geschichte

Eierlei

Können wir uns Ostern noch leisten? Statistiken zufolge lagern in den deutschen Gärten noch rund vier Millionen Ostereier, die nicht entdeckt wurden. Fachleute sprechen von einer tickenden Zeitbombe. In den Vorgärten der Mittelschicht ist die Konzentration von Krokant, Vanille, Glasur und Kokosmelasse so hoch, dass es bei Kleintieren und Kindern zu Verstocktheit, Herzrasen und Kalorienschwindel kommt. Damit einhergeht ein gravierendes Nichtwissen über die Kulturgeschichte des Eis. Kaum jemand kennt noch den Unterschied zwischen Hühnerleiter und Eileiter, Schleuderei und Spiegelei, Dotter und Potter etc. Die Politik ist alarmiert und betont, ein bloßes Weiter-so könne es nicht geben. Dabei gilt das Ei als ein großer Zivilisationssprung der Neuzeit. Ursprünglich von Hühnern gelegt, werden Eier längst in Legebatterien industriell hergestellt. Kaum aber haben sie die Fabrik verlassen, verliert sich ihre Spur. Auch modernste Aufklärungsmethoden zeichnen nur ein unscharfes Bild vom Lebensweg des Eis. Die EU schreibt deshalb vor, dass ein in der Eurozone zugelassenes Ei bis Pfingsten ein Notsignal senden muss. Die hochfrequenten Kreischtöne am Ostermontag stammen also nicht von Kindern, die bei der Eiersuche leer ausgingen.

Fernbedient

Eine vertraute Situation: man verfolgt mit Freunden ein Fußballspiel im Fernsehen und ärgert sich über jenen Mit-Zuschauer mit seinen weltabgewandten, unqualifizierten und stimmungstötenden Kommentaren. Diese Situation mündete früher in einen Gewaltexzess, über den man anderntags in der Zeitung ordentlich was lesen konnte. Heute schalten intelligente Fernbedienungen Querulanten vor dem TV stumm und halten für hartnäckige Fälle sogar einen leichten, aber schmerzhaften Stromstoß vor. Diese zivilisatorische Errungenschaft verdanken wir Eugene Polley, der die Fernbedienung erfand, allerdings verstarb, ohne die Weiterentwicklung seiner Idee verfolgen zu können. Heute werden Männer praktisch in jeder Situation von ihren Frauen ferngesteuert – dafür dürfen sie ihre Garage drahtlos öffnen, im Idealfall auch die des Nachbarn, um rasch einen Eimer Altöl hineinzukippen. Jeder handelsübliche Politiker sondert fernbedient Sätze wie: »Ein bloßes Weiter-so kann es nicht geben« oder: »… steht bei uns der Mensch im Mittelpunkt« ab. Und wen diese Lektüre langweilt, der kann per Knopfdruck einfach auf die nächste Seite weiterzappen. Übriges müssen wir ohnehin Schluss machen. Jemand da oben hat den Knopf gedr…

Aufwachen!

Europa müsse endlich aufwachen, heißt es immer wieder. Das weckt Bilder eines somnambulen Riesen, umwuselt von zwergenhaftem Getriebe. Die halbe Welt tanzt ihm auf der Nase herum, aus der nur leise Schnarchlaute dringen, zieht ihn frech an den Ohren und betrachtet das träumende Ungeheuer mit einer Mischung aus Grauen und Hoffnung. Dabei sind schlafende Riesen ja nicht neu in der Geschichte. Russland und China verschliefen fast die gesamte Neuzeit, was Zeitzeugen immer wieder zu unheilvollen Spekulationen veranlasste. »Wenn China erwacht, wird die Welt erzittern«, soll Napoleon gesagt haben. Man stellt sich vor, wie Millionen Chinesen, die jahrelang im Opiumnebel vor sich hindösten, sich einen Ruck geben, ihr Sofa verlassen und einer geregelten Arbeit nachgehen. Das würde, so die Befürchtung, globale Erschütterungen auslösen. So ist es ja auch gekommen. Nachdem die arabische Welt sich schlaftrunken die Augen reibt, sind nur noch große Teile Afrikas und Griechenland im Aufwachraum der Weltgeschichte. Der Rest Europas hat zumindest kurz geblinzelt, sich aber angesichts entfesselter Investmentbanker, egomanischer Politiker und posenhafter Fußballspieler rasch wieder umgedreht. Jetzt schläft der Kontinent wieder. Ist auch besser so.

Gelbe Bücher

Die ARD hat über Spekulationen berichtet, dass die Telekom den Verlag verkaufen will, der die Telefonbücher herausbringt. Telefonbücher – das muss der digital aufwachsenden Jugend erklärt werden – sind die dicken Schmöker, in denen die Blättersammlung gepresst wird, die Schüler der sechsten Klasse mitunter anfertigen müssen. Oder die man als Türstopper verwendet oder um die Trittleiter zu verlängern. Einmal im Jahr muss sie jemand zum Altpapier schleppen. Das weitere Schicksal dieser Bücher ist ungeklärt. Es gibt Hinweise darauf, dass die gelben Druckwerke seit Längerem kriseln. Eine gewisse Missachtung mussten sie schon früh erfahren. Das fing an mit Felix Graf von Luckner (1881–1966), dem Seeteufel, der mit bloßen Händen ein Telefonbuch zerriss, um seine Kraft zu demonstrieren. Mit »Vom Winde verweht« oder der Bibel hätte er das nicht gemacht. Später gab es in großen Postämtern eine Art Präsenzbibliothek von Telefonbüchern aus dem ganzen Bundesgebiet. Da ließ sich herrlich drin schmökern, nachspionieren, ob Jugendfreundin Ilse noch in Harvestehude in der Gartenstraße wohnt oder Onkel Hans in Wuppertal. Aus den Postämtern sind die Telefonbücher verschwunden. Liest ja auch keiner mehr. In Zeiten des Internets wird nur noch geguckt.

Kaffeefahrten

Auf die Deutschen rollt eine humanitäre Katastrophe zu, denn Nordrhein-Westfalen und Bayern wollen die sogenannten Kaffeefahrten abschaffen. Die Folgen sind gravierend. Millionen Rentner versorgen sich traditionell auf einer Busfahrt nach Großwallstadt, Cloppenburg oder Rüdesheim mit einer Magnet-Rheumadecke für kaum 500 Euro und einem Oberhemd mit Lochkartenmotiv. Die Rheumadecke hielt bis weit in den September hinein angenehm kühl und konnte in der kalten Jahreszeit noch als Putzlappen verwendet werden. Man bewunderte die Modenschau eines führenden bulgarischen Kittelschürzenherstellers und ergatterte mit etwas Glück eine Gesundheitsscheibe, mit der allerlei Gebrechen zum Verschwinden gebracht werden können. Damit soll jetzt Schluss sein. Durch die leeren Straßen von Weibersbrunn und Dillenburg wird bald der Wind der Ödnis pfeifen. Erregte Senioren fordern einen Ausgleich – doch kann die Politik jene Mischung aus Schnäppchenjagd und Gesundheitsvorsorge ersetzen? Ansätze sind da. Gedacht ist an eine Busfahrt ins Kanzleramt, wo Amtschef Altmaier ein selbst komponiertes Zwölf-Gänge-Menü mit Weinverkostung serviert. Wer danach nicht mehr aufstehen kann, darf sich auf eine Rheumadecke legen.

Pizza Razzia

Im Leben der Deutschen nehmen Razzien einen festen Platz einnimmt. So prüft der gefürchtete Wirtschaftskontrolldienst mit regelmäßigen Razzien, ob auf einer Geschäftsstelle der CDU heimlich ein Atomkraftwerk betrieben wird. Unter Steuerbetrügern gilt es geradezu als Statussymbol, mindestens ein bis zwei Razzien erduldet zu haben, und in der Schule tauschen sich Jugendliche über die Razzien ihrer Eltern aus, die mit Suchhunden und Detektoren nach illegalen Computerspielen und Hanflutschern fahnden. Ursprünglich kommt die Razzia aus dem Italienischen. Es war nämlich auf der Piazza Razzia irgendeiner sizilianischen Kleinstadt, als einem Gendarmen, der auf dem Markt gefälschte Gewichte prüfte, von einem erbosten Gemüsehändler ein Ohr abgebissen wurde. Noch lange danach war die Razzia nur in den übel beleumundeten Stadtvierteln westlicher Städte beheimatet. Jetzt aber dringt sie auch immer stärker in die bürgerlichen Viertel vor. Dort gilt es als schick, sich abends eine Pizza Razzia mit fünf gestohlenen Gemüsesorten aus sieben Ländern zu bestellen. Und wer's bezahlen kann, lässt sich als gesellige Geburtstagsüberraschung von Mietgendarmen einfach mal die Bude auf den Kopf stellen und lädt dazu die Nachbarn ein.

Pessimisten leben länger

Wahrscheinlich lesen Sie diese Glosse ja auch wieder nicht zu Ende. War aber auch nicht anders zu erwarten. Die Welt ist schlecht, alles Leben ist Leiden. Ich selbst blättere doch auch nur noch durch Bücher über die Freuden der Misanthropie. Und selbst das macht keinen Spaß mehr. Schlimmer geht immer! Vermutlich steigt der VfB noch aus der Bundesliga ab, voraussichtlich ermittelt Lena Odenthal auch in 31 Jahren noch im »Tatort«, das Wetter wird bestimmt schlechter, das Fernsehen dumpfer, der Strom teurer, die Inflation dreistellig, der Mensch depressiv, die Politiker werden doofer, die Manager korrupter, der Kaffee wird dünner, die Kinder werden dicker, die Kühe pferdiger, die Arbeitsbedingungen überall amazoniger. Der Abschaum der Tage, Siechtum und Verderbtheit regieren, wo man hinblickt. Kein Wunder, dass die Maya vor geraumer Zeit nicht das Ende der Welt feiern konnten, weil die Welt in Wahrheit schon lange vorher untergegangen war. Der Klimawandel! Die Jugend! Peerlusconi! Die Sprachverhunzung, weissu! Und sicher stirbt auch die Hoffnung bald nicht mehr zuletzt, sondern zuvorletzt. Ach, ja, erwähnten wir es bereits? Die Wissenschaft hat jetzt festgestellt: Pessimisten leben länger.

Holzklasse

Früher war alles besser. Wer das immer noch nicht glaubt, muss nur altgedienten Flugkapitänen zuhören, die von der goldenen Ära der zivilen Luftfahrt erzählen. Autopiloten gab es damals nicht, weshalb man sich mit Champagner und Zigarren im Cockpit wachhalten musste. Die Flughöhe konnte nur geschätzt werden, war aber meistens so niedrig, dass die Piloten jeder hübschen Frau am Boden hinterherpfeifen konnten. Die Streifen am Ärmel waren aus purem Gold, in den Sonnenbrillen der Flugkapitäne spiegelten sich Bewunderung und brünstige Ehrfurcht. Das alles endete mit der Einführung der Holzklasse. Mit ihr ging die Ära der Flugkapitäne alter Schule zu Ende. Holzklasse-Piloten bekommen aufstockende Sozialhilfe und können frühestens mit 75 Jahren in Ruhestand gehen – dann nämlich, wenn sie aus eigener Kraft nicht mehr die Gangway hochsteigen können. Meist handelt es sich um frühere Post- oder Telekom-Mitarbeiter, die ein gutes Gefühl für Strömungsabrisse und Sinkflüge haben. Die Holzklasse-Piloten fordern seit Langem die Wiederherstellung der alten Zivilluftfahrt. Ihre Chancen sind nach Expertenmeinung gut. Wer demnächst einen fauchenden Airbus über sich hinwegfliegen sieht, der leutselig mit den Flügeln wackelt, weiß: Sie haben es geschafft.

Machu putt

Der legendären Inkastadt Machu Picchu droht der Verlust des UNESCO-Weltkulturerbestatus. Laut einer Studie machen die durch die Ruinen stolpernden Touristen alles kaputt. Machu Picchu ist nicht alleine. Bielefeld etwa, die sagenumwobene Stätte des westfälischen Sonnenkults, droht von japanischen Touristen überlaufen zu werden, die aus dem Teutoburger Wald in die Stadt einfallen. Bottrops legendäre Trinkhallen auf der Pilgerstraße der Erblindung, die bis tief nach Rumänien hineinreicht, sind von so vielen Heilung suchenden Gläubigen bevölkert, dass die Stadt demnächst in einer Braunkohlegrube versinken wird. Duisburgs majestätischer Schuldenberg, ein herausragendes Beispiel für die glanzvolle Verschwendungssucht der Sauerland-Ära, rutscht. Die Ruinen von Frankfurt/Oder, ein Paradies für Geologen, die den Zeitpunkt der Versteinerung des realen Sozialismus definieren wollen, zerbröseln. In Städten wie Zeulenroda, dem Toledo des Ostens, oder Osnabrück hat das dauernde Klicken der Kameras zu Mauerrissen und Ohrensausen geführt. Wer eine dieser Städte besuchen will, muss sich deshalb verpflichten, im Folgejahr nach Kabul, Minsk oder zu einem rumänischen Containerhafen zu fahren. Dort gibt es noch Parkplätze in der Innenstadt.

Görings Bahn

Eine Sensation: die zerstört geglaubte Modelleisenbahnanlage von Ex-Reichsmarschall Hermann Göring wurde in einem Lagerraum des Bundes gefunden. Nahezu unversehrt, berichtet die »Bild«-Zeitung. Göring spielte damit, bis irgendwann im Frühjahr 45 der Strom weg war. Das war nicht schlimm, weil danach für den Truppentransport von der Ost- an die Westfront die Straßenbahn ausreichte. Historiker glauben dennoch, dass die deutsche Geschichte umgeschrieben werden muss, denn der Luftmarschall entlarvt sich rückblickend als Anhänger des schienengebundenen Fernverkehrs. Zur Fliegerei hatte er offenbar ein distanziertes Verhältnis. Mit den damaligen Möglichkeiten war aber ein Blitzkrieg mit der Eisenbahn nicht zu führen. Zivil interpretiert nimmt die Göring-Bahn entscheidende Errungenschaften des Fernverkehrs voraus. Ihr Besitzer stellte sich selbst die erste Reichs-Bahncard aus und ließ im Bordbistro nicht nur Ersatzkaffee, sondern auch Morphium ausgeben. Was die Forscher aber eigentlich elektrisiert: Offenbar überstanden Görings Züge die Kriegszeit und rollten jahrelang unbehindert weiter. Zu Verspätungen kam es praktisch nie, nachdem die Gefahr von Tiefffliegerangriffen erst einmal gebannt war. Das hat die Deutsche Bahn danach nie wieder geschafft.

Ampel-Dreiklang

Die Ampel hat im deutschen Kulturkanon ihren festen Platz. Die Deutschen schätzen den Dreiklang der Grundfarben und die verlässlichen Leitplanken, die sich daraus aufrichten lassen. Solange die Ampeln funktionieren, hieß es, werde kein Krieg mehr von deutschem Boden ausgehen. Doch die Anfänge waren zaghaft. Um die Deutschen nicht zu überfordern, standen die ersten drei Millionen nach dem Krieg aufgestellten Ampeln immer auf Rot. Erst Willy Brandt gelang es mit seiner Devise »Mehr Demokratie wagen«, im Straßenverkehr zunächst das gelbe Licht zu etablieren. Dann kam die alarmierende Meldung, die DDR entwickle im Wettlauf der Systeme ebenfalls eine Ampel, die über drei Farben verfüge und der Westampel damit klar überlegen sei. Zwar wurde das vom Ulbricht-Regime dementiert (»Niemand hat die Absicht, eine Ampel zu bauen!«), die immer zahlreicheren Ampelmännchen an der innerdeutschen Grenze sprachen aber eine andere Sprache. Die Amerikaner reagierten und bauten eine Ampel, die 14 Farben hatte und bis zum Mond flog, die Russen wiederum stationierten in der DDR Ampeln mit einer Reichweite bis Dortmund. Heute hat die Ampel zivilen Charakter, das Ampelmännchen ist ein anerkanntes Berufsbild, und selbst die Ampelkoalition hat ihren Schrecken verloren.

Balkone

Viele Dinge führen völlig zu Recht ein Schattendasein. Dazu gehört der deutsche Balkon, der sich von Balkonen anderer Länder durch seine historische Beladenheit unterscheidet. Wilhelm II. eröffnete in seiner Balkonrede 1914 dem Volk eine »schwere Stunde«. Auch Adolf Hitler sprach oft von Balkonen aus, bis er seine Tätigkeit unter die Erde verlegen musste. Außenminister Genscher wandte sich vom Balkon der Prager Botschaft aus an die Ostdeutschen, die ihn aber in dem ganzen Lärm nicht verstanden. Südeuropäer nutzen ihre Balkone nur, um Topfpflanzen abzustellen oder ein Schwätzchen zu halten – eine unerträgliche Trivialisierung. Leider eifern immer mehr Deutsche dem nach. In seltsamer Geschichtsvergessenheit verwandeln sie ihre Balkone in Abstellkammern oder neobarocke Refugien, wo sich Zierblumen, eine mikroskopische Möblierung und Kleinnager in Käfighaltung die Hände geben. Auch das Kanzleramt verfügt nicht über einen ansprachefähigen Balkon. Deshalb warten die Deutschen immer noch auf eine historische Mutti-Rede. Einen Hinweis auf bevorstehende »schwere Stunden« liefern die deutschen Balkone dennoch: Wenn die Sommerreifen dort aufgestapelt werden, beginnt die kalte Jahreszeit.

Kohl, selig

Helmut Kohls Rolle in der Geschichte war lange umstritten. Seit er in einer selbst geschriebenen Biografie seine Rolle als Staatsmann bewertet hat, sieht man klar. Schon der kleine Helmut aus Friesenheim drückte der Welt seinen Stempel auf. Er half zahllosen Senioren über die Straße und plante einen Sandkasten im Friesenheimer Ebertpark, der wegen der Kriegswirren unvollendet blieb. Ludwigshafen erlebte dank Kohl eine beispiellose Blüte und wurde in den sechziger Jahren als Chemie-Florenz bezeichnet. Mit 17 Jahren leitete der Pfälzer die Wiedervereinigung ein. Den Vorwurf, er habe Honecker 235 Westmark zugesteckt und dadurch die Agonie der DDR verlängert, weist er zurück. Das Geld habe ohnehin außer Landes geschafft werden müssen. Daneben gilt Kohl als Humanist, Forscher und Sportlegende. Bei der WM 74 schoss er das Siegtor, er entdeckte das Tuberkulose-Virus, schrieb Symphonien und Kochbücher. Er betrat als erster Mensch den Mond und hinterließ einen riesigen Fußabdruck. Was Wunder, dass der Ex-Kanzler schon jetzt in Öl im Ludwigshafener Haus der Kunst hängt – ihm zu Füßen sitzen Reagan, Gorbatschow und andere Geschichtsstatisten. Kohl trägt einen Telefonhörer und jene goldene Birne, die ihn als Alleinherrscher ausweist. Eine Seligsprechung erscheint überfällig.

Hartz Bier

Der Unternehmer Maschmeyer soll für die Memoiren von Gerhard Schröder vorab zwei Millionen Euro bezahlt haben. War es das wert? Maschmeyer hat den Bucheinband quer gelesen, aber noch nicht alle schweren Wörter nachgeschlagen. Andere haben sich bis Seite 512 gewühlt und wissen jetzt um die Funktionsweise des von Schröder 2004 entworfenen Konjunkturmotors. Er enthält einen Phrasenverdampfer, dessen Wolken in der SPD zu halluzinogenen Zuversichtsträumereien führten. Wegen der klimaschädigenden Wirkung verhinderten die Grünen damals die Massenproduktion. Ferner beleuchtet Schröder jenen historischen Moment im Jahr 2000, als er sich von einem Unbekannten eine Flasche Bier holen ließ. Das löste im Land eine beispiellose Aufbruchstimmung aus. Das Zeitalter der Massenarbeitslosigkeit war zu Ende, weil Hunderttausende bei Freunden und Verwandten ebenfalls Bier bestellten. Dieser Politikwechsel ging später als »Hartz Bier« in die Geschichte ein. Dass Schröder über Wasser laufen kann, ist da schon keine Überraschung mehr. Er sei damals immer über den Landwehrkanal ins Kanzleramt spaziert. Das Buch endet mit dem Moment, als der Ex-Kanzler zu Hause den Gashahn aufdreht und jede Menge Kohle herauskommt. Fortsetzung folgt.

Cücürü

Der türkische Präsident Erdogan revidiert die Geschichte des Abendlands. Amerika sei nicht von Kolumbus, sondern von Muslimen entdeckt wurde, so Erdogan. Das stimmt natürlich. Wie sonst wären die zahllosen Moscheen und Koranschulen im Mittleren Westen der USA zu erklären? In jedem Italo-Western sind neben verschleierten Indianerinnen auch Eisenbahn-Eunuchen und Berittene zu sehen, die ins goldene Horn stoßen. Doch Erdogan ruht nicht. Sein Ziel: die vergessenen Leistungen des muslimischen Kulturraums ins Licht der Welt-Wahrnehmung zu rücken. Seine Hofhistoriker fanden heraus: Cicero hieß in Wirklichkeit Cücerü oder Ciceroglu, Romeo und Julias Balkon stand nicht in Verona, sondern in Trabzon und die Eurasische Platte ist die Mutter aller Vorspeisen. Arthur Schnitzlers Schauspiel Anatol kennt ohnehin jeder Türke. Mehr noch: der in den Straßen Istanbuls verkaufte Sesamkringel gilt als Vorbild für die rundliche Form des Guggenheim-Museums. Die Behauptung Erdogans, der Döner entstamme dem muslimisch-türkischen Kulturraum, ist aber falsch. Die kulinarische Vermählung von Fleisch, Lagerfett und Zigaretten-Kardamom ist ein Produkt des Imperialismus. Der Westen nahm damit Rache dafür, dass Beethoven seine zehnte Sinfonie Süleiman dem Prächtigen gewidmet hat.

Geldflut

Die Europäische Zentralbank habe Europa mit Geld geflutet, heißt es in den Medien. Die Kritik daran ist allerdings unberechtigt, denn EZB-Boss Draghi knüpft an eine uralte Tradition an. Mit Geldfluten sind vor allem die Mittelmeerstaaten vertraut, wo die Menschen von jeher mit den Gezeiten und dem steten Zufluss von Liquidität aus Brüssel leben. Die Küstenbewohner prüfen mit schwieligen Händen die Qualität der angeschwemmten Euronoten und leiten sie in ein in Jahrtausenden entwickeltes System von Kanälen und Sickergruben. Schon nach kurzer Zeit weiß niemand mehr, wo die monetäre Flut geblieben ist, und der Zyklus beginnt aufs Neue. In Mitteleuropa dagegen, namentlich in Deutschland, schwimmt man nicht gerne in Geld. Geldhaufen werden im Allgemeinen rasch von der Straßenreinigung entfernt. Passanten, denen der eine oder andere Euroschein aus dem Mund hängt oder am Ohr klebt, werden misstrauisch gemustert. Der Deutsche näht Geld, dass die Flut zum ihm hereinspült, ins Kopfkissen ein und wartet ab. Allerdings hat die lichte Höhe der mit Geld gestopften Wäscheberge mittlerweile die Viertausend-Meter-Marke überschritten. Das ist immerhin ein guter Platz, um sich vor der nächsten Euroflut aus Brüssel zu retten.

Lotto für alle

Das Glücksspiel ist ja in weiten Kreisen der Bevölkerung verpönt. Dennoch sind die Verdienste der Lottogesellschaft Baden-Württemberg kaum zu überschätzen. Zahllose Funktionsträger, die nach dem Ende ihrer politischen Karriere vor dem Nichts standen, bekamen dort eine zweite Chance. Sie sortierten die eingehenden Lottoscheine, besuchten die Weihnachtsfeiern verdienter Tippgemeinschaften und schmierten die Lager der Lostrommel. Einige von ihnen stiegen in den Kreis der sechs Richtigen auf, wachten darüber, dass die Gewinne nicht überhandnahmen und trösteten Spieler, die auch nach Jahrzehnten noch Mühe hatten, einen Schein richtig auszufüllen. Früher wurden mit dem Erlös Zuchthäuser finanziert, heute stammt der abblätternde Lack jeder zweiten Sport-Umkleidekabine aus Lottomitteln. Und all die Mythen und Geschichten! Über jenen Rentner, der das Glück erzwingen wollte und dreitausend Scheine mit denselben Zahlen ausfüllte. Andere Spieler weinten vor Glück, weil sie endlich das Geld für die Scheidung hatten oder den verhassten Nachbarn mit dem Kauf eines neuen Rasenmähers demütigen konnten. Und jetzt noch die Eurorettung: Die Athener Regierung hat tausende Lottospieler nach Deutschland entsandt und rechnet mit Milliardeneinnahmen. Wie viele Umkleidekabinen in Griechenland saniert werden können, ist aber noch offen.

Natürlich sinnfrei

Unterm Streik

Deutschland liegt immer wieder unter der Knute der streikenden Eisenbahner. Ein Eisenbahnerstreik gilt als schlimmste Bedrohung der modernen Volkswirtschaft, denn er bedeutet, dass der Bahnhof von Wolfsburg nicht mehr angefahren wird. Dort warten aber Hunderte Menschen, die nach Osnabrück wollen, obwohl niemand weiß, was sie dort zu suchen haben. Wer aber von Wolfsburg nicht wegkommt, kann auch keinen Cappuccino im Bordbistro trinken. Der Druck in den Kaffeemaschinen steigt, Dampf entweicht und beschleunigt den Klimawandel. In Osnabrück selbst geht mangels eintreffender Passagiere der Verbrauch von Dosenbier zurück und stürzt den Bahnhofskiosk in die Insolvenz. Mit dessen Steueraufkommen hätten aber drei Grundschulen beheizt werden sollen. Die dortigen Kinder frieren, lernen deshalb schlecht, versagen beim Schulabschluss und landen auf der Straße. Sie können sich kein Zweite-Klasse-Ticket nach Wolfsburg leisten, um dort nach den Gründen ihrer biografischen Misere zu fahnden. Deshalb gehen sie zu Fuß und begegnen immer wieder orientierungslosen Zugbegleitern, die keinen Zug mehr eskortieren. Diese Flüchtlingsbewegung wird Deutschland demnächst auf den Rang eines Schwellenlandes zurückstoßen.

Berufen

Augen auf bei der Berufswahl! Bloß nicht Daimler- oder VW-Chef werden oder so. Da verdient man ja bloß zehn bis 17 Millionen Euro im Jahr. Und die sind weg wie nix. In Zeiten, in denen man schon für einen gelblichen Klumpen Erbrochenes vom Pottwal 50 000 Euro hinblättert, der als Amber zur Parfümherstellung gebraucht wird, gehört man als Unternehmensboss schnell zum Prekariat. Und kann sich nicht mal einen 55-Zoll-Flachbild leisten, um sich bei »Berlin Tag & Nacht« Anregungen fürs eigene Leben zu holen. Dann lieber Pottwal werden, wobei da die Stellenausschreibungen auch rar sind. Aber wenn man in Augsburg wohnt, wird man von der Arbeitsagentur sowieso nicht ins Pottwalsegment vermittelt, sondern ins Rotlichtmilieu. So ist einer 19-Jährigen eine Stelle als Servicekraft im Bordell angeboten worden – sie sollte an der Theke Getränke ausschenken. Voraussetzung: »ein ansprechendes Auftreten«. Ein Versehen, ein Versehen, jammert der Arbeitsagenturchef (auch kein erstrebenswerter Job). Apropos: haben wir uns versehen, als wir vom Honorar für die Architekten der Bauruine Elbphilharmonie lasen? Die sollen echt nur 93,9 Millionen Euro bekommen – bei einem Objekt, das ursprünglich 77 Millionen kosten sollte? Architekt werden? Vergesst es!

Kröten-Zebrastreifen

Frühjahr ist Frühjahrsputzzeit – auch auf den Bundesautobahnen (BAB). Der Mittelstreifen muss vom Straßenbetriebsdienst gemäht werden. Ansonsten wird das Lichtraumprofil auf den Fahrstreifen eingeengt. Die Folge: Gefährdung der Verkehrssicherheit. Deshalb rücken die Mitarbeiter schwäbischer Autobahnmeistereien auch gerne zu den Hauptverkehrszeiten (zwischen 7:30 Uhr und 9 Uhr) aus, um den Grünbewuchs an den Autobahnen zu beschneiden oder die Leitplanken mittels einer Rollbürste zu reinigen oder die Schrammborde von Unrat zu befreien. Was den Verkehr vollends zum Erliegen bringt, ist im Sinne der Mitarbeiter der Abteilung 4 im Regierungspräsidium Stuttgart: Wo der Verkehr steht, ist die Verkehrssicherheit nicht gefährdet. Die Umfunktionierung einer Autobahn zum mehrspurigen Parkplatz ist Teil der Verkehrsbeeinflussungsstrategie und könnte über das Aufstellen von Parkuhren sogar zu Mehreinnahmen führen. Hier ein Vorschlag, wie man den Verkehr auch über die Hauptverkehrszeiten hinaus unterbinden kann: Errichtung eines Kröten-Zebrastreifens (billiger als Krötentunnel!) auf der Höhe von Stuttgart-Zuffenhausen mit einer Vollsperrung der BAB zwischen 5 und 23:37 Uhr, damit die Kröten die Autobahn unzerquetscht überqueren können.

Fusselfreiheit

Die Europäische Union erlaubt nur noch Staubsauger, die weniger als 1600 Watt haben. Mit dieser Vorgabe wollte Brüssel vermutlich die Bürger aus ihrer europapolitischen Lethargie aufwecken, der sie nach kurzer Gefühlsaufwallung beim Verbot von Glühbirnen wieder verfallen sind. Viele Bedenkenträger sind nicht gehört worden. Sie sagen, ein echter Bodenstaubsauger müsse so kraftvoll wirken, dass er mit dem Mohnkrümel auch kleine Gewebestücke aus dem Flokati reißen könne. Nur das entspreche dem Reinheitsgebot auf deutscher Teppichflur. Andere meinen, es sei ein Versäumnis gewesen, dass die Fusselfreiheit nicht im europäischen Menschenrechtskatalog aufgenommen worden sei. Schließlich gibt es viele Hausfrauen und -männer, die sich dieser Tage wehmütig an die siegreichen Schlachten erinnern, die sie mit ihrem beutellosen Zyklon (Aufnahmeleistung 2400 Watt) – gegen ein tief im Perser sitzendes Katzenhaar geschlagen haben. All die Bedenken stehen zurück vor dem sinnvollen Senken des Stromverbrauchs. Im Zuge des Watt-Abrüstens werden wir eines Tages beim Null-Sauger angelangt sein, den es in den Varianten Teppichklopfer oder -bürste geben wird. Ob Letztere in Wildschweinborste oder Nylon gefertigt wird, bleibt der unternehmerischen Freiheit der Industrie überlassen.

Wiesn-Diebe

Die Wiesn ist der große Gleichmacher. Auf dem Oktoberfest verschwinden die Unterschiede zwischen In- und Ausländern, was sich daran zeigt, dass bis zu 75 000 Italiener die Bierzelte besuchen. Bisher passten sich die Besucher aus dem Süden geschmeidig an, sangen die Stimmungskracher textsicher mit (»Mamma mia aloha bummbumm«) und bestellten lokale Spezialitäten (»bitte um Liter Schottenhamel in Riese-Glas«). Heute verdienen sich krisengebeutelte Italiener etwas dazu, in dem sie den Alkoholleichen das letzte Geleit geben, Geflügelreste für die Lieben einpacken oder gegen Geld Besuchern den Weg zu Toilette zeigen. Es gibt aber auch schwarze Schafe. Der Diebstahl von Wiesn-Bierkrügen durch Italiener hat laut Münchner Polizei zugenommen. In Südeuropa hat man offenbar erkannt, dass der Blick ins Glas die Zukunft generell rosiger erscheinen lässt. Doch wenn 75 000 italienische Wiesn-Besucher mit ihren geklauten Humpen zu Hause auf ein Foto von Angela Merkel einschlagen, wird's kritisch. Beim Aufprallen eines Maßkrugs entsteht nämlich eine Energie von bis zu 8 500 Newton. Das wird die Tektonik des Kontinents verschieben. Italien rückt noch näher an Bayern. Und mancher Biertrinker, der nur auf die Toilette will, ist plötzlich in Rom.

Alles Aberglaube?

Sich splitternackt zu produzieren kann eine Katastrophe sein oder eine auslösen. Diese Erfahrung mussten dieser Tage kanadische Bergsteiger machen, die nach der Besteigung des Kinabalu auf Borneo auf dem höchsten Berg Malaysias Nackttänze aufführten. Kurz darauf ereignete sich in der Nähe ein Erdbeben, das 18 Bergsteiger in den Tod riss. Die Einheimischen wundern sich darüber nicht. Ihnen ist der Berg heilig, denn er dient den Geistern der Toten als Ruhestätte. Ein ranghoher Politiker beschuldigt die Ausländer, mit ihrer Respektlosigkeit die Katastrophe verursacht zu haben. Man habe den Geist des Berges erzürnt, der sich nun gerächt habe. Wir vernunftgläubigen Europäer halten das für Aberglauben, lesen aber selbst Horoskope, die nichts anderes sind als eine Form des Aberglaubens, die sich anmaßt, dem Schicksal in die Karten zu schauen. Oder nehmen wir den Professor, der Vorträge gegen den Aberglauben hält, danach aber ein Mittel gegen Haarausfall kauft. Erich Kästner beschreibt in einem Gedicht eine ausgelassene Silvestergesellschaft, die aus ihrem Berghotel hinausstürmt in die erhabene Winternacht und sie stört: »Aber das Gebirge wollte seine Ruh', und mit einer mittleren Lawine deckte es die blöde Bande zu.«

Mietstreitigkeiten

Erdbeben, Überschwemmungen, Vulkanausbrüche – die Häufung von Naturkatastrophen lässt nicht nur in esoterisch geprägten Kreisen die Frage aufkommen, ob die Erde uns Menschen loswerden will. Uns würde es jedenfalls nicht wundern, wenn unsere hässlichen Fabriken, monotonen Reihenhaussiedlungen und mega-blöden Nachmittagstalkshows dem Planeten langsam auf den Keks gingen. Außerdem kann man nicht gerade sagen, dass die Menschheit ihren Pflichten als Mieter immer in der gebotenen Weise nachgekommen ist. Jahrtausendelang haben wir den Müll nicht weggebracht, die Kehrwoche in der Troposphäre ignoriert und oft auch noch nach 22 Uhr laut Musik gehört. Aber ist das ein Grund, gleich der gesamten Menschheit mit dem Rauswurf zu drohen? Nach geltendem Recht bedürfen Wohnungskündigungen der Schriftform. Zudem gelten für Mietverhältnisse, die seit einer Million Jahren bestehen, lange Kündigungsfristen. Wir sind natürlich gerne bereit, über einzelne Punkte der Hausordnung zu diskutieren, aber einfach so rausmobben lassen wir uns nicht, zumal wir noch gar keine Zeit hatten, uns nach einem auch nach den Kriterien von Hartz IV angemessenen Ersatzplaneten umzusehen. Mutter Erde wird es wohl noch ein Weilchen mit uns aushalten müssen.

Modellhölle

Die Nürnberger Spielemesse zeigt: eine zu allem entschlossene Fangemeinde hält an der Modelleisenbahn fest. Nicht ohne Grund, denn die Modelle sind von unerhörter Detailtreue. Die Serie »Deutsche Regionalbahnhöfe« beispielsweise ist mit defekten Anzeigetafeln ausgestattet und kann durch ein Putzkommando ergänzt werden, das Zigarettenstummel, weggeworfene Chipstüten und Hundekot ignoriert. Figuren des Typs Geschäftsreisender (erbost), Mutter mit Kindern (verzweifelt), Fußballfan (alkoholisiert), Schaffner (ahnungslos), Kaffeeverkäufer (dösend) und Bahn-Chef (dauerlächelnd) machen die Modelleisenbahn zu einer erfahrbaren Hölle schienengebundenen Reisens. Sie wird ergänzt durch Lautsprecheransagen: »... gibt es witterungsbedingte Verspätungen«, »... befindet sich das Bordrestaurant im abgehängten hinteren Zugteil«, »... fährt der Zug nach Worpswede nicht auf Gleis 1, sondern auf Gleis 34 G, das derzeit nicht erreichbar ist«. Und die Hersteller ruhen sich auf dem Erfolg nicht aus. Neu im Programm ist der nordkoreanische Panzerzug »Blutiges Grab des Imperialisten«, der keinen Kaffeeverkäufer, aber drei Zwillingsgeschütze hat. In wenigen Jahren werden die einzigen Züge, die in Deutschland noch unterwegs sind, auf Spur H0 fahren.

Stromkollaps

Deutschland steuert auf den Energiekollaps zu. Immer mehr riesige Windkraftanlagen im Norden produzieren Strom und leiten ihn nach Süden, wo er von den völlig überforderten Städten und Landkreisen aufgenommen werden muss. Für Bayerns Ministerpräsident Seehofer eine katastrophale Entwicklung. Jeder verfügbare Heizlüfter des Freistaats sei bereits im Einsatz, so Seehofer. Aktionen wie der »Tag des Föhns« hätten allenfalls symbolische Wirkung. Auch die monatliche Austragung des energieintensiven Oktoberfests bringe kaum Linderung. Man werde deshalb keine weitere Stromtrasse in Bayern dulden. Natürlich gebiete es die Solidarität unter den Bundesländern, dass auch Bayern einen Teil am erzeugten Strom abnimmt. Aber der Energiebedarf des Freistaats sei nun mal gering. Laut Seehofer leuchten die meisten Mitglieder des bayerischen Regierungskabinetts von innen heraus so stark, dass sie nicht an eine Stromtrasse angeschlossen werden müssen. Mehr noch: »Jeder unserer Minister könnte vier bis acht unterbelichtete Kollegen aus Berlin oder Mecklenburg mit Energie versorgen.« Allerdings müssten dafür Stromautobahnen in umgekehrter Richtung von Süden nach Norden verlegt werden. Diese Energiewende sei längst überfällig, so Seehofer.

Intellektueller Katholizismus

Früher sagte man, das Leben sei kein Zuckerschlecken, wenn man die Schwere seines Daseins bekräftigen wollte. Oder: das Leben ist kein Wunschkonzert und auch kein Ponyhof. Heute sagt man: »Ich habe bisher nur um die vorderen Plätze gespielt, das war dagegen ein Kindergeburtstag« (Bruno Labbadia). Oder: »Ein Topmodel-Casting ist kein Kindergeburtstag, schon gar nicht, wenn Heidi Klum dabei ist« (»Kleine Zeitung«). Oder: »Die Börse ist kein Kindergeburtstag« (finanztreff.de). Oder: »Einen Messi auszuschalten ist kein Kindergeburtstag« (»Die Presse«). Bestimmt schreibt jemand: ein FDP-Parteitag ist kein Kindergeburtstag. Der Kindergeburtstag muss als Sinnbild dafür herhalten, dass das Leben außerhalb eines Kindergeburtstages eines der härtesten sei, was Unfug ist. Das weiß jeder, der mal Halbwüchsigen beim Kopf-, äh Topfschlagen mit Abzählreimen (»Ene mene Mopel, wer isst Popel?«) das Leben gerettet hat. Ein Kindergeburtstag ist, um es angelehnt an Woody Allen zu sagen: intellektueller Katholizismus. Der Katholik glaubt an ein Leben nach dem Tod, Eltern hoffen auf ein Leben nach dem Kindergeburtstag. Also, Leute, hört auf, Kindergeburtstage als Vergleich heranzuziehen. Kindergeburtstage sind nun mal kein Kindergeburtstag.

Suchtberatung

Leiden auch Sie unter Nervosität, innerer Unruhe und feuchten Händen, wenn Sie Ihr Smartphone für eine Weile nicht nutzen können? Dann sind Sie vermutlich ein weiteres Opfer des »Mobile and Internet Dependency Syndrome« – kurz: Maids. Im Endstadium fürchten Betroffene, den Verstand zu verlieren, wenn sie ihr Handy zu Hause vergessen haben, gerade kein Netz verfügbar ist oder der Akku den Geist aufgibt. Vor allem junge Menschen würden Umfragen zufolge lieber auf Sex verzichten als auf ihre UMTS-fähige Hirnprothese in der Hosentasche. Um die Geburtenrate nicht noch weiter sinken zu lassen, müssen dringend Gegenmaßnahmen ergriffen werden. Der bekannte Kinderpsychologe Dr. Prügelpeitsch, der schon bei Otto Waalkes als Brechmittel-Experte reüssierte, plädiert für einen harten Entzug: »Handy in die Tonne – und gut ist«. Harmonieorientierte Therapeuten halten es dagegen für besser, die Jugend im verantwortlichen Umgang mit digitalen Gerätschaften zu schulen. Dazu schlagen führende Vertreter dieser Richtung die Gründung einer Selbsthilfegruppe namens »Anonyme Smartophoniker« vor. Bis dort die ersten Kurse angeboten werden, hilft die kostenlose Anti-Sucht-App, die den Zeigefinger per GPS sicher zum Ausschaltknopf lotst.

Ganzjahressommer

Der Deutsche Städtetag sorgt sich wegen des Klimawandels und hat ein Positionspapier vorgestellt, in dem er erläutert, wie man den Städter vor tropischen Nächten, Hitzetagen und Überflutung schützen könne. Gedacht ist an die Anlage von Kaltluftschneisen, ein Netzwerk für Hitzeopfer und breitere Kanäle gegen Starkregen. All dies geht in die richtige Richtung, reicht aber nicht aus, weshalb wir weitere Vorschläge erörtern wollen. Zunächst gilt es, den Bürger auch seelisch-geistig auf den Trend zum Ganzjahressommer vorzubereiten. Uralte Gemeindenamen wie Kaltennordheim, Eisleben oder Schneeberg führen in die Irre, spiegeln falsche Tatsachen vor und sollten verbal abgeschmolzen werden. Die Stadtranderholung für Kinder sollte wegen der Herz-Kreislauf-Belastung unseres Wüstenklimas gestrichen und durch eine Ferienlandverschickung nach Nuuk (Grönland) oder Murmansk – dem Ibiza des Nordens – ersetzt werden. Öffentliche Anhörungen sollten in Kühlhäusern stattfinden, hitzige Wahlkämpfe verboten werden. Ein frostiges Klima im menschlichen Miteinander ist anzustreben, es verschafft Linderung. Geht der Bürger aufs Amt und wird da eiskalt abserviert, dass es ihn fröstelt, ist das nicht unhöflich, sondern entspringt reiner Fürsorge der Kommune.

Die Nackten

Im Sommer tritt der menschliche Körper mit dramatischer Wucht ins Bewusstsein. Sein Organismus ist ein Wunderwerk, in dem sich Winkspeck, Hüftengold und Orangenhaut die Hand geben. Während des Winters treiben sie ihr faszinierendes Spiel im Verborgenen. Jetzt beginnt jeder Tag damit, dass Männer und Frauen in den öffentlichen Anlagen und Schwimmbädern sich Hemd und Bluse vom Leib reißen. Nachdem der Mensch seinen Körper lange Monate nur im Dämmerlicht des eigenen Badezimmers gesehen hat, stellt er sommers verdutzt fest, dass sein Bauchnabel zwischen zwei Falten verschwunden ist und seine Beine aneinander reiben. Er bleibt trotzig liegen und atmet den brünstigen Duft ein, den die laszive Vermählung von Luft und Fleisch entlässt. Exotisch ist auch die Bekleidung des Menschen im Sommer. Männer tragen Hemden, deren kurze Ärmel wie Schmetterlingsflügel in die Luft ragen und sie eingeschränkt flugfähig machen. So müssen immer mehr Bankangestellte den Drohnen ausweichen, die aus der Luft schmal bekleidete Frauen fotografieren und die Bilder ins Netz funken. Die enthemmte Darstellung menschlichen Fleisches lässt erst nach, wenn die Wildgänse ihren Weg nach Süden antreten und der nackte Mensch Gänsehaut bekommt.

Bush-Käfer

Ein Käfer, der breitbeinig daherkommt und mit einem Luftangriff droht? Das ist wahrscheinlich jenes Tier, das der US-Forscher Wheeler nach dem Politiker George W. Bush benannt hat. Wheeler hat drei von ihm entdeckten Krabbeltieren die Namen amerikanische Politiker gegeben und liegt damit im Trend. Jedes Jahr werden bis zu 20 000 neue Tierarten entdeckt, für die Namen gefunden werden müssen. Es gibt einen Bob-Marley-Parasiten, eine Spinne namens Otacilia Loriot und einen – na ja – Adolf-Hitler-Käfer. Wer also seinen Namen über künftige Generationen in der Öffentlichkeit verankern will, sollte mal den Garten umgraben. Vielleicht findet er eine Assel mit seltener Körperzeichnung, die er betiteln kann. Allerdings sind auch umgekehrte Bestrebungen im Gange. Immer mehr Tiere kategorisieren die Menschen nach Temperament und Physis. Sie unterscheiden zwischen Wutbürgern (wüten meist in der Nähe von Bauzäunen), Altmaiern (verdauen 23 Arbeitsmahlzeiten vor dem Mittagsschlaf), Blattern (bevölkern lebenslang die fettesten Wiesen), Schlapphüten (hausen in toten Briefkästen), Schmidts (stoßen Rauch aus und finden auch in sumpfigen Problemfeldern ein Habitat). Vermutlich sind auch Sie vom Bush-Käfer längst katalogisiert worden.

Nacktschnecken

Im Sommer entdeckt der Mensch, der gerade noch seine schweißglänzende Wange an ein beschlagenes Glas Frozen Yogurt gepresst hat, dass die Natur und damit er selbst unbarmherzigen Zyklen unterworfen ist. Er hört die flüsternden Botschafter der Endlichkeit, deren Memento mori leise, aber vernehmbar durch die Kakofonie urbaner Sommer-Straßenmusikanten, das Kreischen der Freibadbesucher und das Zwitschern der hormonberauschten Jugend dringt. Sie wollen wissen, wovon wir reden? Natürlich von der Nacktschnecke. Sie hasst die Hitze, liebt aber feuchtes und kühles Klima. Wenn sie massenhaft durch die Vorgärten robbt, heißt das: der Sommer geht zu Ende. Der Anblick dieser genügsamen Tiere stimmt den Menschen melancholisch. Er nimmt plötzlich den Raureif der Nacht wahr, sieht Blätter vom Baum segeln und glotzt in Schaufenster, wo düstere Rollkragenpullover die Herrschaft übernommen haben. Er sucht das Gespräch mit der Nacktschnecke, möchte sie dazu bewegen, noch einmal in ihre Sommer-Nichtexistenz zurückzukriechen. Vergebens. Wer jetzt glaubt, man müsse das Sommerloch nur mit Nacktschnecken füllen und dann abschließen, der irrt. Denn das Sommerloch ist bereits mit sinnfreien Betrachtungen wie diesen gefüllt.

Nasenaffenweis

Möglicherweise muss man die Geschichte der Erde umschreiben. Erstmals ist es Forschern gelungen, das rhythmische Wiederkäuen von Nasenaffen zu filmen. Ja, ja: gefilmte Nasenaffen käuen rhythmisch wieder. Das ist ein psychobiologisches Wunder, aber auch ein sprachwissenschaftlicher Knaller – behufs der Trennung von Tunwörtern. Wir käuen das Gras wieder ist wie: wir laubten im Allgäu ur. Oder: wir tanzten fröhlich eine Runde bauch. Oder: wir armen uns zur Begrüßung immer um. Oder: wir lockten vorgestern froh. Oder: wir kosen uns lieb. Regeln wir uns aber selber maß, weil wir abschweifen. Andererseits: selbst der wiederkäuende Nasenaffe rechnet nicht gerne bruch, und er bestattet auch nicht oft feuer und schon gar nicht holt er kiel. Aber er hat laut der Universität Kyoto ein Vormagensystem wie Kühe oder auch Kängurus, durch das Nahrung unverdaut rutscht, wenn der Nasenaffe, rhythmisch oder unrhythmisch, zu viel zu schnell frisst. Deshalb kaut er wieder. Und wieder. Und wieder. Das machen zwar auch Hirschferkel und der Stirnwaffenträger. Aber die machen es überall. Der Nasenaffe macht es nur in einem Gebiet in Malaysia. Das Nasenaffenwiederkäuen ist ein regionales Phänomen. So wie grüne Ministerpräsidenten oder Trollingertrinker.

Panzersex

Seit Jahrtausenden streiten sich die Menschen darüber, wer den Sex erfunden hat. Wichtigtuer, Lebemänner und -frauen machten ihre Urheberschaft geltend, ohne außer einigen halbgaren Ausschweifungen Beweise liefern zu können. Australische Forscher haben die Debatte jetzt versachlicht. Sie fanden heraus, dass Panzerfische schon vor rund 400 Millionen Jahren zur Kopulation fähig waren. Im Klartext heißt das, dass der Mann ... seinen ... dann ... Luftschnappen ... später Tristesse ... Panzer wieder anlegen ... eventuell Zigarette ... getrennte Wege. Die Erfindung der Sexualität bekam den Urtieren aber schlecht. Sie starben aus, weil die Männchen ein zu unverbindliches Paarungsverhalten an den Tag legten. In Versteinerungen fanden die Forscher fragmentarische Kurzmitteilungen: »... noch nicht reif für eine Beziehung ... muss mein Leben erst mal ordnen ... finde Kinder an sich toll, aber ...« Auch jene Panzerfische, die sich in eine Partnerschaft zwingen ließen, trugen nicht zum Erhalt der Gattung bei. Offenbar stolperte das letzte Panzerfisch-Männchen, als es den Müll herunterbringen musste, über einen gerade eingeschlagenen Meteoriten und war danach zeugungsunfähig. Dennoch: die Sex-Autorenschaft kann dem Panzerfisch niemand mehr nehmen.

Zettelwirtschaft

Facebook, Twitter, Whatsapp – permanent strömt eine Flut digitaler Botschaften auf uns ein. Höchste Zeit, eine Lanze zu brechen für die kleinen Zettelchen, mit denen man früher miteinander kommunizierte – etwa in der Schule. (»Claudia hat was mit Rüdiger. Der ist doch viel zu doof für die!«) Anlässlich des Internationalen Tags der Gebäudereiniger hat kürzlich auch die Gewerkschaft IG Bau dazu aufgerufen, den Reinigungskräften auf dem Schreibtisch oder in der Teeküche Zettel mit anerkennenden Worten zu hinterlassen. Doch in vielen Büros liegt so viel Papier herum, dass die kleinen Botschaften leicht übersehen werden. Für die Geschäftsidee, die Zettel zur besseren Auffindbarkeit mit GPS-Sendern auszurüsten, hat sich leider bisher noch kein Investor gefunden. Zumindest ein paar motivierende Zeilen könnte ein Geschäftsführer doch an die Bürotür pinnen! So wie es aussieht, müssen sich auch Zeitungsredakteure weiter damit durchschlagen, nicht enden wollende Seiten mit schlauen und womöglich unterhaltsamen Texten zu befüllen. Schade, dass die zahllosen Zettel mit dem frenetischen Lob der Leser die Journalisten nie erreichen. Offenbar entsorgen sie engagierte Reinigungskräfte regelmäßig aus dem Redaktionsbriefkasten, bevor die Journalisten sie zu Gesicht bekommen.

Immer lustig

Wie, der Himmel ist Ihnen zu grau? Das Leben zu trist? Sie hassen Nässe, die unter die Haut kriecht, kalte Füße? Auch den Stress mit den Geschenken, dieses Durch-die-Stadt-Hasten auf der Suche nach Originalität? Ja gut, hehehe, mag ja sein. Ist doch aber alles nicht so schlimm, oder? Irgendwie zeigt sich immer ein Lichtlein am Ende des Horizonts, oder wie man so sagt. Und sowieso sind wir gut drauf. Weihnachten, Glühwein, Bombenstimmung, das lassen wir uns nicht nehmen. Überhaupt die Jahreszeiten; Sommer, Winter, funktioniert doch super! Totensonntag? Trauer? Hat auch was Schönes. Geht man mal in sich. Nur nicht zu tief – kleiner Scherz. Also, wir lassen uns da nicht ... Im Gegenteil. Politik, Finanzkrise, stinkende Socken? Wenn man das alles so ernst nehmen wollte. Immer locker bleiben. Wo kämen wir sonst hin. Ne, also das Leben ist so im Großen und Ganzen schön. Und wenn nicht, dann. Ach so, da wären wir beim Thema: Laut Statistik steigt der Gebrauch von Antidepressiva in den reichsten Ländern der Welt stark an. An der Spitze liegt Island. Na ja, Krise und schlechtes Wetter, die haben's auch nicht leicht. Aber, alles halb so wild, solange es Apotheken gibt. Was heißt Apotheke auf Isländisch? Klingt bestimmt total lustig. Zum Totlachen!

Radtrinker

Radfahrer, so ein Experte am Rande des Deutschen Verkehrsgerichtstags, seien problemlos in der Lage, mit 1,6 Promille noch zu fahren. Wirklich überraschen kann dies nur einen leibfeindlichen Misanthropen. 1,6 Promille wären ja gerade mal vier bis fünf Liter Bier am Abend. Was man halt so wegtrinkt, wenn man mit den Kumpels susammenhoggt, also zsusammenhoc, will sagen: einfach in der Kneipe, eben zusammen. So, jetzt mal zusammenreißen. Also: abends Kneipe. Glas-Labyrinth. Dolles Gespräch. Brei im Kopf. Synapsenstau. Ausgang finden. Dann raus. Links rechts gucken wie gelernt. Pipi vorher nicht vergessen. Dann aufs Rad. Rechtes Bein rüberschwingen. Balance futsch. Großes Aua. Zurückkriechen. Schmerz wegtrinken. Später noch mal. So, an dieser Stelle setzen wir eine Zäsur, warten auf die Rückkehr der Muttersprache und stellen fest: Schon ein Radfahrer mit 1,6 Promille ist ein freundlicher und zurückhaltender Teilnehmer am Straßenverkehr. Mit mehr als zwei Promille fallen ihm die meisten Schimpfwörter nicht mehr ein, die er normalerweise Autofahrern an den Kopf wirft. Hat er drei oder mehr Promille im Blut, kann sogar beobachtet werden, dass er an einer roten Ampel hält. Hier sehen Experten allerdings die Grenze zur Verkehrsgefährdung.

Hunde-TV

Der Hund ist der beste Freund des Menschen, und weil er ähnliche Gewohnheiten hat und sich ungern langweilt, gibt es von Telekom Deutschland auch ein Fernsehprogramm für Hunde. Es sei, sagen die Anbieter, auf die Bedürfnisse der Hunde ausgerichtet. Hunde nähmen, so heißt es, Sprache ähnlich wahr wie wir Menschen. Natürlich bleibt ein Unterschied zwischen Mensch und Tier: bei den Hunden sind die Boxer die intelligentesten. Vielleicht ist diese Rasse besonders zum Fernsehen geeignet. Da es auch weniger begabte Hunde gibt, müssen die Programmgestalter eine Art Durchschnittsfernsehen anbieten, das dem von ZDF und ARD ähnelt. Zu viel Niveau könnte schaden. Weil Hunde nicht nur fliegende Bälle sehen wollen, ließe sich im Anklang an Volksmusiksendungen an ein gemeinsames Hundejaulen denken oder an einen Wettbewerb von Hundechören, die noch den Bissigsten unter ihnen friedlich stimmen. Auf keinen Fall darf aber fehlen, was auch für menschliche Zuschauer so wichtig ist: der »Tatort«. Da ist vieles denkbar. Hundedetektive schnüffeln hinter Artgenossen her, die Würste geklaut oder ein Menschenkind gebissen haben. Vor allem aber muss es gegen den Erzfeind gehen: die Katze. Da wartet viel Arbeit auf die Kommissare Zubiss und Wau.

Internationales Parkett

Schweizermacher

Als ob die Schweiz nicht schon genügend Demütigungen erlebt hätte: nie einen richtigen Krieg gehabt, keine Autoindustrie und in den Grenzregionen heimgesucht von der Kavallerie deutscher Finanzministerien. Damit nicht genug: deutsche Ärzte belehren die Schweizer Kollegen darüber, wie man eine Spritze Kosten sparend ansetzt (einen Rest Arznei drinlassen und wiederverwenden), deutsche IT-Ingenieure retten das Schweizer Telefonnetz, dass wegen vieler Um- und Rachenlaute an den Rand des Infarkts gerät – und dann sagen die Einwanderer auch noch Grüzi statt Grüezi. Kurz: die Deutschen sind die Albaner der Schweiz. Und dann noch das: die republikanische US-Politikerin Michele Bachmann, deren Mann Schweizer ist, nimmt die Schweizer Staatsbürgerschaft nicht an. Sie sei stolz auf ihre Zugehörigkeit zur größten Nation der Welt, betonte sie. Und damit meinte sie nicht die Schweiz. Bitter. Da bürgern die Eidgenossen jahrhundertelang Hausmeister, Kompaniefführer, Radfahrer und Banker ein, denen man aus Diskretionsgründen die Zunge herausschnitt – und jetzt will niemand mehr kommen. Dabei bräuchte die Alpenfestung dringend frisches Blut. Also: verkleiden Sie sich als Albaner und werden Sie Schweizer – und bringen Sie Geld und ein Fahrrad mit.

Drei Streifen

Seit dem Besuch des Papstes bei Fidel Castro auf Kuba spricht alle Welt über den blauen Trainingsanzug des ehemaligen Máximo Líder. Er stammt zweifelsfrei von einem bekannten Unternehmen aus Herzogenaurach. Schnitt und Farbgebung deuten auf die späte Erich-Ribbeck-Ära hin, in der Trainingsanzüge auch zusammen mit Krawatten und Goldketten getragen werden durften und im Schritt locker fielen. Anders als heutige Textilien reagierten sie beim Kontakt mit einem Rexona-Deospray nicht mit der Freigabe von Stickoxid. Castros Trainingsanzug wurde lange Jahre in Museum für die Errungenschaften des Sozialismus in Havanna aufbewahrt. Er zeigt natürlich die dunklen Flecken der kubanischen Geschichte, gilt aber unter Autokraten, Rappern und Pächtern von Vereinsheimen als stilbildend. Sein heutiger Wert entspricht ungefähr dem Jahresexport des Inselstaats. Über die textile Zusammensetzung lässt sich nur spekulieren. Es handelt sich vermutlich um ein Mischgewebe aus Zuckerrohr, Tabak und Nickel. Aus dem inneren Kreis Castros ist zu hören, er habe den Trainingsanzug seit 13 Jahren nicht mehr abgelegt, werde dies aber bald tun. Dann können sich endlich Historiker über den Stoff beugen und die kubanische Geschichte umschreiben.

Geld aus Katar

Korruption, also die Weitergabe von Schecks, Bargeld, Gold oder Jungfrauen in neutralen Umschlägen, wird als Wirtschaftsfaktor noch immer unterschätzt. Das zeigen die jüngsten Nachrichten aus der Welt des Fußballs. Von Katar aus sind offenbar Millionen an die Fifa geflossen, um die Austragung der Fußball-WM zu verhindern. Das hat seine Gründe: Für einen islamischen Wüstenstaat ist die WM genauso unheilvoll wie eine Erotikmesse oder ein Heavy-Metal-Konzert für eine katholisch geprägte Mittelstadt. Offenbar floss aber zu wenig Geld, denn die Fifa hält bis jetzt am Austragungsort Katar fest. Da war der Technikbeauftragte des Berliner Flughafens besser aufgestellt. Er ließ sich dafür bezahlen, dass er den Betrieb des Airports zuverlässig sabotierte. Zwar wurden jetzt Teams ausgesandt, die illegale Geldströme am Flughafen untersuchen sollen. Sie sind aber genauso spurlos verschwunden wie die zuvor ermittelnden Brandschutzexperten. Jetzt wird überlegt, den Flughafen abzureißen und woanders aufzubauen. Alle deutschen Mittelstädte haben aber abgewinkt. So bleibt wohl nur Katar übrig. Allerdings geben sich dort seit Wochen Mittelsmänner mit großen Umschlägen die Klinke in die Hand. Das sieht nicht gut aus.

Persilschein

Das Internationale Olympische Komitee (IOC) ist neben dem Fifa-Exekutivkomitee der letzte Hort der Anständigkeit in einer durch und durch korrupten Welt. Das ist kein Geheimnis. Weniger bekannt sind die strengen Aufnahmekriterien: Mitglied des IOC kann nur werden, wer mindestens drei Mal in seinem Leben nachdrücklich die Annahme eines Geldkoffers unbekannter Herkunft verweigert hat, in dessen Garderobe wenigstens ein Dutzend weiße Westen hängt, und wer einen 20 Jahre alten VW Jetta fährt. Die IOC-Mitglieder zeichnen sich durch Tugenden aus, die heute nur noch bei den Franziskanern gepredigt werden: Demut und Askese. In ihrer Freizeit veranstalten sie Workshops für Parlamentsabgeordnete, Tiefbaubeamte und Chefärzte. Thema: wie komme ich ehrbar durchs Leben? Das Honorar für die Veranstaltungen spenden die Mitglieder an Waisenkinder in Afrika. Besonders lobenswert ist die Haltung des IOC zum Thema Doping. Bei Sportlern, die betrügen, kennen die Hüter der olympischen Idee keine Gnade. Unnachgiebig kämpfen sie für einen sauberen Sport, bei dem nur der Beste am Ende obsiegt. Unterstützen auch Sie diesen aufopferungsvollen Einsatz – mit einer kleinen Zuwendung, die Sie in einem unscheinbaren Briefumschlag an den Autor dieser Zeilen schicken.

Vom Cockpit in die Bar

Piloten waren einst die Herrenreiter des Himmels. Sie konnten durch die nachtschwarzen Gläser ihrer Sonnenbrillen den Alkoholgehalt eines Gin Tonics präzise einschätzen, verscheuchten mit einer Bewegung des Steuerknüppels bis zu fünf an ihnen festgekrallte Stewardessen und hinterließen in der eisigen Höhe eines Langstreckenflugs markante Aftershave-Noten von Sandelholz und Kerosin. Jahrzehntelang schauten sie hochmütig auf den Rest der Menschheit herab. Seitdem auch Piloten streiken, hat sich das geändert. Ein an die Erde gefesselter Flugkapitän gleicht einem auf dem Rücken liegenden Käfer. Er ist weitgehend hilflos und bei alltäglichen Verrichtungen überfordert. Viele Piloten kaufen im Supermarkt Langusten statt Lasagne und werden wegen ihrer prächtigen Uniform mit dem Sicherheitsdienst verwechselt. Man kann also nur wünschen, dass die Pilotenstreiks nicht überhand nehmen. Meist geht es um Forderungen, die nicht unbillig sind: So soll bei jedem Hotelaufenthalt ein Stück Schokolade auf dem Kopfkissen liegen und die Pilotenmützen von innen beleuchtet werden. Außerdem wollen alle Flugkapitäne vom 40. Lebensjahr an einen gleitenden Übergang vom Cockpit an die Hotelbar. Ob für den Streik freie Tage geltend gemacht werden, ist offen.

Der Gashahn

Wenn von Russland und Europa die Rede ist, kommt das Gespräch irgendwann auf den Gashahn. Immer wieder heißt es, Putin drehe der Ukraine den Gashahn zu. Kaum ist das vollzogen, dreht Putin auch uns den Gashahn zu – oder eben nicht. Umgekehrt kann aber auch die Ukraine den Gashahn auf- und zudrehen. Länder wie Rumänien und Bulgarien drehen ihrerseits den Gashahn auf – es kommt aber nichts raus. Einen Gashahn zu haben, ihn nach Belieben auf- und zudrehen zu können ist damit überlebenswichtig. Da ist es gut zu wissen, dass man im Internet einen »Großgashahn mit schwarzem Handgriff und Rohrabgang« für 275 Euro ohne Mehrwertsteuer bekommt. Der Gashahn ist also für jeden Bürger mit normalem Einkommen erschwinglich. Allerdings ist Putins Gashahn um ein vielfaches größer – Experten glauben, dass Russlands Präsident den größten hat – und mindestens vollverzinkt, wenn nicht sogar vergoldet. Demgegenüber kränkeln westliche Gashähne an den vielen Verzweigungsventilen, die das Gas unkontrolliert in alle möglichen verschwenderischen Krisenstaaten umleiten. Völlig offen ist auch, was aus dem Gashahn strömt: Knallgas, Biogas, Flüssiggas, Lachgas oder Tränengas? Klar ist: einige Politiker in Osteuropa haben von allem zu viel abbekommen.

Kims Krücke

Nordkoreanische Medien haben erstmals seit Langem wieder Bilder von Staatschef Kim Jong-un gezeigt. Er besuchte eine Fabrik für wiederaufbereiteten Fischabfall, verkostete die Reisernte und heilte einige Schulmädchen durch Handauflegen von vielerlei Mangelerscheinungen. Interessant ist, dass Kim einen Krückstock bei sich hatte. Offenbar handelt es sich um das Modell »Treuer Gefährte des hinkenden Reisbauern«, gefertigt aus 80-prozentigem Zwangsarbeitsbambus (»Zeun hen-Long Dim sun«). Das Auftreten des Stocks hat im Westen Erleichterung ausgelöst. Anders als vom unberechenbaren Haarfön seines Vorgängers Kim Jong-il erwartet man von der Gehhilfe eine verlässliche Außenpolitik, die auf Drohgebärden verzichtet. Eine US-Sprecherin zeigte sich zuversichtlich, mit dem Gehstock bald in konstruktive Gespräche eintreten zu können. Seoul erklärte, die Tür für Zeun hen-Long sei immer offen. Interessanterweise zeigen die Staatsmedien den Stock immer öfter anstelle des Staatschefs, etwa beim Einweihen einer Mittelstreckenrakete oder am Steuer eines Mähdreschers. Er könnte seinen Besitzer also bald aus dem Amt drängen. Immerhin: verglichen mit seiner Entourage aus Militär und Geheimdienst wirkt der Stock deutlich menschlicher.

Astro-Expansion

Vor 13 Milliarden Jahren geschah etwas Merkwürdiges. Es gab einen ordentlichen Rumms, von Experten als Urknall bezeichnet. Danach dehnte sich das Weltall explosionsartig aus. Es entstand die Erde und damit all die Scherereien, mit denen diese Zeitung täglich gefüllt wird: Klimakrise, Krim-Krise, Finanzkrise, Demografiekrise, von der Steuerhinterziehung nicht zu reden. Astronomen haben jetzt am Südpol Gravitationswellen aus diesen ersten Momenten des Universums aufgefangen. Viel los war damals nicht: Es gab weder Galaxien noch Sterne. Nur einige kartoffelgroße Higgs-Teilchen zischten orientierungslos herum. Um diesen ereignislosen Zustand zu beenden, vervielfachte die Erde ihr Volumen in Millisekunden. Das gleiche Phänomen erleben wir gerade in Osteuropa. Ein Mann, kaum größer als ein Higgs-Teilchen, bläst sich auf das Einmillionenfache seines Ursprungsvolumens auf und erschafft ein Universum aus Astro-Testosteron und Pulverdampf. Statt Higgs-Teilchen schwirren Drohnen über seinem Kopf, die im Nebel der Ereignisse aber nichts erkennen. Die Gravitationswellen aber sind deutlich messbar. In knapp 13 Milliarden Jahren werden wir wissen, was da drüben im Osten geschieht. Dann wird es auch eine entschlossene Reaktion des Westens geben.

Raketeneintopf

Im Kalten Krieg wird selten warm gekocht. Dieses leidvolle Szenario beschreibt die Politik des Westens gegen Russland. Die Schraube wird jetzt noch einmal angezogen. Laut jüngsten Meldungen darf das gesamte Sortiment an Nudel-, Weißkraut- und Eiersalat aus dem Aldi-Feinkost-Regal nicht mehr nach Russland geliefert werden. Eiersalat galt zwar schon vor dem Boykott als Massenvernichtungswaffe und war strengen Exportbeschränkungen unterworfen. Nudeln und Weißkraut aber waren mit Einschränkungen zum Verzehr freigegeben. Niemand weiß, wie lange ein Mensch ohne diese Grundnahrungsmittel überleben kann. Den Russen kommt dabei ihre Erfahrung mit Zwangsarbeit und Lagerhaft sowie die neue Freundschaft zu den Chinesen zugute. Peking liefert Vogelnester, frittierte Lederreste und süßsaure Enten-Häute nach Russland. In den alten Weißblechdosen der Gulagverwaltung kochen die Russen daraus mit Schwarzmeerfischköpfen einen nährstoffreichen Brei. Der Westen sieht mit Sorge, wie dadurch seine Boykottbemühungen unterlaufen werden. Noch bedrohlicher aber sind die russischen Manöver an der Grenze zu Europa, bei denen geübt wird, wie man den neuen Boykott-Eintopf mit Raketen wieder zurück in den Westen schießt.

Maut und Zeit

Seit Jahren wird in Deutschland über eine Straßenmaut diskutiert. Mit ihr zöge das Land in den Kreis der europäischen Großmächte ein. Das Verfahren ist einfach und leicht umzusetzen. Vorgesehen sind nämlich nur zwei Mautstellen. Die eine wird wohl bei Dürrnberg-Zill an der Grenze zu Österreich stehen, die andere bei Groningen oder Grachthuizing oder Grothuuyisen oder irgendeinem anderen Ort nahe Holland. Diese beiden Mautstellen müssen alle Autofahrer passieren, die nach Deutschland wollen. In einer der beiden Stationen sitzt – wann immer es seine Zeit erlaubt – der Verkehrsminister und guckt die verängstigten Litauer, Österreicher oder Belgier durch seine gefürchtete Brille an. Wer künftig nach Deutschland will, muss aber ein wenig Zeit mitbringen. Zwei bis drei Jahre vor Reiseantritt sollte man sich mit dem Auto in die Schlange einreihen. Man zieht eine Nummer, beispielsweise die 34000456 und wartet. Und wartet. Und wartet. Dieses kollektive Nichtfahren verringert die Umweltbelastung in ganz Europa. Und: da die meisten Einreisewilligen irgendwann ihre Nummer verlieren, heiraten, wegziehen, sich scheiden lassen oder sterben, werden in Deutschland bald kaum noch Migranten die Autobahnen verstopfen. Damit ist das eigentliche Ziel der CSU-Maut erfüllt.

Enkeltrick

Immer mehr ältere Mitbürger werden Opfer des Enkeltricks. Und das, obwohl der Erfinder des Enkeltricks, Arkadiusz »Hoss« Lakatosz, schon lange im Gefängnis sitzt. Er dirigiert Zehntausende von Enkeln, die es auf ältere Menschen in Deutschland abgesehen haben, deren Vermögen durch die jüngsten Rentenbeschlüsse ins Unermessliche gewachsen ist. Die Telefongespräche begannen immer mit der Frage »Rate mal, wer da ist?«. Damit gewannen die Trickbetrüger auch das Vertrauen der Kanzlerin, die sich bei einem Telefonat unbändig darüber freute, dass der Anrufer nicht Wolfgang Bosbach war. Nachdem Lakatosz das Merkel-Handy ausgespäht hatte, veranlasste er die Kanzlerin, riesige Summen aus dem Staatshaushalt nach Polen, Rumänien und Bulgarien zu überweisen. Das Geld wurde vor allem in die Porsche-Infrastruktur gesteckt. Ob der Generalbundesanwalt jetzt gegen die Enkel in Deutschland ermittelt, ist offen. Dabei wäre es interessant zu wissen, wer hinter Lakatosz steht. Spuren führen in die USA, deren Geheimdienst auf der ganzen Welt seine Enkel hat. Angela Merkel sieht das gute Verhältnis zu Amerika dadurch aber nicht getrübt. Sie freue sich, ihren Enkel aus den USA bei ihrem nächsten USA-Besuch endlich in die Arme zu schließen.

Sie sind unter uns

Bei fliegenden Untertassen denken die meisten ja an Wesen vom Mars, einige nach zwanzig Jahren Ehe aber auch an die eigene Frau. So hat jeder ein anderes Bild von Außerirdischen. Die Nasa hat jetzt erklärt, schon in wenigen Jahren werde sie Beweise für extraterrestrisches Leben präsentieren. Damit ist die US-Raumfahrtbehörde freilich spät dran. In Wahrheit sind die grünen Männchen längst unter uns. Auf der Halbinsel Krim haben sie ihre Invasion schon begonnen und sind dabei beobachtet worden. Seitdem wird in der Gegend scharf geschossen. Trotzdem sollten wir versuchen, den Fremden friedlich zu begegnen. Angesichts des demografischen Wandels ist gerade Deutschland auf Zuzug aus dem All angewiesen. Die Integration der Neuankömmlinge wird aber nicht einfach, denn wie soll man einem Extraterrestler den »Bachelor«, Florian Silbereisen oder das Bundeskleingartengesetz erklären, ohne als niedere und damit verzichtbare Lebensform betrachtet zu werden? Einen Versuch ist es dennoch wert, solange die »Patriotischen Erdlinge gegen die Invasion durch Außerirdische« noch nicht marschieren und der Bundesverkehrsminister nicht auf die Idee gekommen ist, für die Durchquerung des deutschen Luftraums durch fremde Raumschiffe Wegezoll zu verlangen.

Die Autoren

Werner Birkenmaier, Jahrgang 1934, mit einem früh ausgeprägten Hang zum politischen Journalismus, der dann zur Lebensaufgabe wurde. Er ließ aber auch genügend Raum für die kleine Form, die Glosse, die ihn mit ihrem Zwang zur Konzentration und Zuspitzung immer mehr herausgefordert hat als jeder Leitartikel.

Martin Gerstner, Jahrgang 1961, lernte schon als Kind Lesen und Schreiben, was seine spätere Anstellung als Journalist begünstigte. Dem zwischen Melancholie und Raserei schwankenden Redaktionsalltag entzieht er sich durch die periodische Produktion von Glossen, Kolumnen und anderen ungefragten Betrachtungen.

Guido Heisner, Jahrgang 1973, war schon immer der Ansicht, dass es besser ist, mit Glossen Geld zu verdienen, als in der Gosse zu landen. Deswegen begann er damit, was er schon in der Schule am besten konnte: Unsinn zu Papier bringen. Bisweilen ärgert ihn, dass die Wirklichkeit die Satire übertrifft.

Matthias Hohnecker, Jahrgang 1968, hat als Kind seinen Journalistenvater an der Schreibmaschine beobachtet und sofort gewusst: So harte körperliche Arbeit will ich auch mal machen. Dass er dabei Opfer eines Verhörers wurde und im Sport-Ressort landete? Schicksal! Sein eigentliches Ziel: das Spott-Ressort.

Markus Klohr, Jahrgang 1975, ist schon seit frühen Jugendtagen ein Freund gepflegter Glossen. Als Bewunderer der Werke von Alfred Polgar oder der Glossen eines Hans Zippert versucht er, die ohnehin reichlich vorhandene Absurdität des menschlichen und politischen Lebens in Worte zu fassen.

Christoph Link, Jahrgang 1958, wollte wegen chronischer Reiselust eigentlich Kapitän oder Lkw-Fahrer werden. Er schrieb sich dann aber als Schüler mit Ernteberichten aus dem Kreis Hersfeld (Nordhessen) in das Herz der Leser. Später hat ihn die Lokalredaktion in Stuttgart einmal für ein paar Jahre nach Afrika abgeschoben, wo er in den Ngorongoro gucken musste. Wieder zurück, schweift er immer noch gerne in die Ferne oder ab vom Thema.

Werner Ludwig, Jahrgang 1961, wurde als Kleinkind von einem heimtückischen Blödelvirus befallen. Selbst Gegenmittel wie ein Agrarstudium oder die Tätigkeit in einer seriösen Wirtschaftsredaktion blieben ohne Wirkung. Um den Blödsinn loszuwerden, der sich in seinem Hirn ansammelt und dessen normale Funktion zu gefährden droht, nimmt er im Rahmen des Selbsthilfeprojekts »Unten rechts« an einer Schreibtherapie teil.

Die Herausgeber

Christine Keck, Jahrgang 1969, ist an einem 1. April zur Welt gekommen und somit Scherzkeks von Geburt an. Danach viele Versuche, sich mit Seriösem zu beschäftigen – Politikstudium, Horoskope verfassen, Glossen editieren. Half alles nichts. Als Reportageschreiberin erzählt sie die Geschichten anderer und hat glücklicherweise mehr Platz als 32 Zeilen.

Sowie **Guido Heisner** und **Martin Gerstner**

© 2016 Klöpfer und Meyer, Tübingen.
Alle Rechte vorbehalten.
ISBN 978-3-86351-417-4

Umschlaggestaltung: Christiane Hemmerich
Konzeption und Gestaltung, Tübingen.
Herstellung: Horst Schmid, Mössingen.
Satz: CompArt, Mössingen.
Korrektorat: Sabine Besenfelder, Tübingen.
Druck und Einband: Pustet, Regensburg.

Mehr über das Verlagsprogramm von Klöpfer & Meyer
finden Sie unter: *www.kloepfer-meyer.de*